모든 언어는 평등하다

지구상의 모든 언어는
인류 공동체 문명 발전의 발자취입니다.
힘이 센 나라의 언어라 해서 더 좋거나 더 중요한 언어가 아닌 것처럼,
많은 사람들이 쓰지 않는 언어라 해서 덜 좋거나 덜 중요한 언어는 아닙니다.

문화 다양성에 따른 언어 다양성은 인류가 서로 견제하고
긍정적인 자극을 주고받으며 소통, 발전할 수 있는 계기가 됩니다.
그러나 안타깝게도 현재 일부 언어가 '국제어'라는 이름 아래
전 세계 사람들에게 강요되고 있습니다.

언어평등의 꿈은 전 세계 모든 언어를 학습할 수 있는 어학 콘텐츠를
개발하는 것입니다. 어떠한 언어에도 우위를 주지 않고, 다양한 언어의 고유
가치를 지켜나가겠습니다. 누구나 배우고 싶은 언어를 자유롭게 선택해서
배울 수 있도록 더욱 정진하겠습니다.

언어평등은 문예림의 아날로그와 디지털을 아우르는
어학 콘텐츠 브랜드입니다.
56년째 언어 생각뿐.

언어평등 시리즈
첫걸음

언어평등은 누구나 평등하고 자유롭게 전 세계 모든 언어를
학습할 수 있도록 여러분과 함께 할 것입니다.

아랍어는 아프리카 아시아어족의 셈어파에 속하는 언어 중 하나로, 주로 서아시아 및 북아프리카의 아랍권에서 사용하고 있다. UN에서 지정한 6개의 언어 중 하나이며, 이슬람 협력기구(Organisation of Islamic Cooperation)에 가입한 57개국의 종교적 언어이기도 하다. 아랍연맹에 가입한 22개국에서 모국어, 공용어로 사용되며 약 3억 명이 사용하는 모국어이기도 하다.

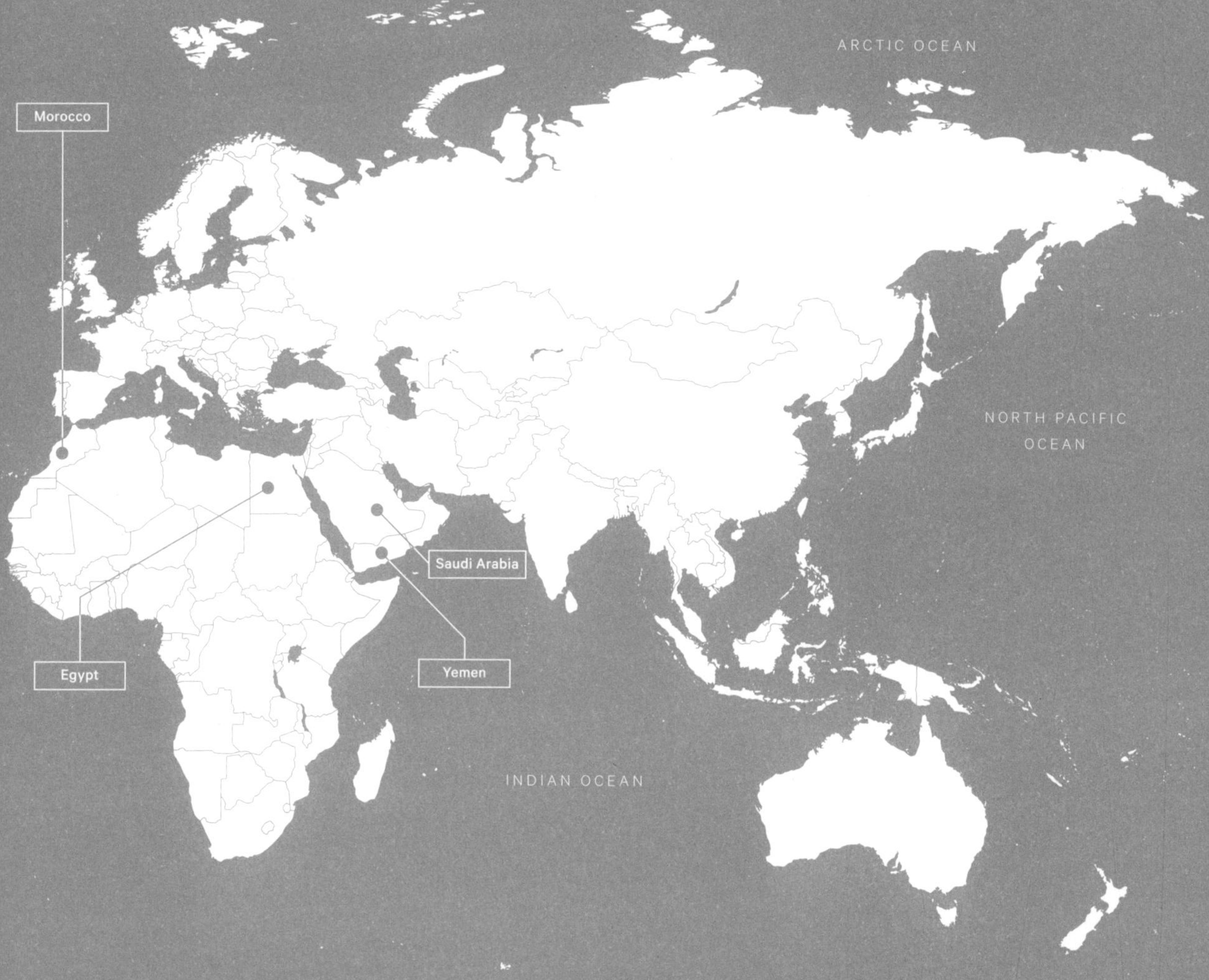
ARCTIC OCEAN
Morocco
NORTH PACIFIC OCEAN
Saudi Arabia
Egypt
Yemen
INDIAN OCEAN

동영상 강의 시청하기

언어평등(www.EQlangs.com)에서 구매하면
해당 도서의 강의를 보실 수 있습니다.
저자가 알려주는 언어 이야기도 보실 수 있습니다.

MP3 다운로드 방법

1단계
언어평등(www.EQlangs.com) 사이트
고객센터 - 자료실 - MP3 들어오기

2단계
제목_______________에 찾고자 하는
도서명을 입력 후 검색하세요.

www.EQlangs.com

평등한 언어 세상을 위한 시작

아랍어 첫걸음

평등한 언어 세상을 위한 시작

아랍어 첫걸음

بداية لعالم لغة متساوية

المساواة اللغوية والخطوة الأولى باللغة العربية

언어평등

평등한 언어 세상을 위한 시작

아랍어 첫걸음

초판 1쇄 인쇄 2023년 8월 20일
초판 1쇄 발행 2023년 8월 30일

지은이 이정환
펴낸이 서덕일
펴낸곳 언어평등

기획 서민우 **편집진행 및 교정** 조소영 **본문디자인** 문인주
표지디자인 박정호(TIDM) **부속디자인** 이유정 **오디오 녹음** 이니스닷컴
동영상 촬영 이큐스튜디오 **출력 및 인쇄** 천일문화사 **제본** 대흥제책

출판등록 2018.6.5 (제2018-63호)
주소 경기도 파주시 회동길 366 3층 (10881)
전화 (02) 499-1281~2 **팩스** (02) 499-1283
전자우편 eqlangs@moonyelim.com
홈페이지 www.EQlangs.com

ISBN 979-11-970617-2-1(03790)
값 15,000원

머리말

한국은 아주 오래전부터 아랍국가들과 돈독한 국제적 관계를 맺어 왔습니다. 신라 시대 때 아랍인들이 말하길 "신라는 모든 것이 풍족하고 인심이 후해 한번 방문하면 눌러 앉고 싶은 나라"라고 극찬하였으며 이는 현재 21세기까지 이어지고 있습니다. 아랍 산유국들의 핵심 국책 과제 중 하나가 탈석유화 정책인데, 한국은 수많은 분야에 진출하여 아랍국가들과 양호한 상호 협력 관계를 구축해 나가고 있습니다. 쿠웨이트에서는 스마트시티 개발, 아랍에미리트에서는 원전, 농업기술, 스마트페이, 우주 개발, 사우디아라비아에서는 스마트 신도시 개발, 항공, 방산, 원전, 담수화, 수소에너지 등 수많은 분야에 한국이 진출하여 우수한 역량을 펼치고 있습니다. 이로 인해 한국은 아랍국가들 사이에서 핵심 협력국으로 떠오르며 국가의 위상 또한 높아지고 있는 실정입니다. 이로 인해 아랍을 알고 싶어하고 그들의 언어인 아랍어를 배우고자 하는 학습자들은 매년 가파르게 증가하고 있으나 안타깝게도 학습자들의 학습 욕구를 충족시켜줄 만한 교재는 턱없이 부족합니다. 이러한 학습자들의 수요에 발맞추어 〈아랍어 첫걸음〉을 집필하게 되었습니다.

이 교재가 나오기까지 많은 가르침을 주셨던 사희만 교수님, 정규영 교수님, 황병하 교수님, 송경근 교수님, 장현자 교수님, 김성례 교수님, 김봉례 교수님, 장지현 교수님, 김화선 교수님, 남옥정 교수님, 마흐무드 알가파르 교수님께 감사드립니다. 또한 교재 집필에 많은 도움과 조언을 아끼지 않으신 문예림 대표님 그리고 임직원 분들께도 진심으로 감사의 마음을 표합니다.

그리고 마지막으로 이 교재가 나오기까지 학습자들의 눈높이에 맞추어 수준을 한 단계 높일 수 있도록 수많은 검수와 조언을 아끼지 않았던 최예슬 양에게 진심으로 감사의 마음을 전합니다. 실생활에서 사용할 수 있는 회화 위주로 구성하였으며, 독학서로써 최대한 자세하게 집필하려고 노력하였습니다. 아랍어는 우리가 많이 접하는 영어에 비해 7~8배 정도의 난이도를 가진 언어로서 다른 언어들에 비해 어렵지만 어떤 교재로 누구와 함께 공부하느냐에 따라 쉽고 재밌게 학습할 수 있습니다.

아랍 속담에 "인내는 아름답다."라는 말이 있습니다. 아름다운 인내라는 열매를 맺기 위해서는 많은 노력이 필요한 만큼 당장 눈 앞에 닥친 현실보다는 미래를 내다보고 꾸준히 정진하라는 뜻입니다. 이 교재가 아랍어를 처음 시작하고자 하는 학습자분들의 갈증을 조금이나마 해소시켜 줄 수 있는 좋은 길잡이가 되었으면 합니다. 감사합니다.

연구실에서 저자 하미드 이정환

이 책의 구성 및 학습법

اَلْحُرُوفُ وَالنُّطْقُهَا 알파벳과 발음

문자는 2차적인 기억의 시스템이다

독립형, 위치별 알파벳(어두형, 어중형, 어말형)의 올바른 순서를 알아보고, 아랍어 문자 쓰기도 함께 연습합니다.

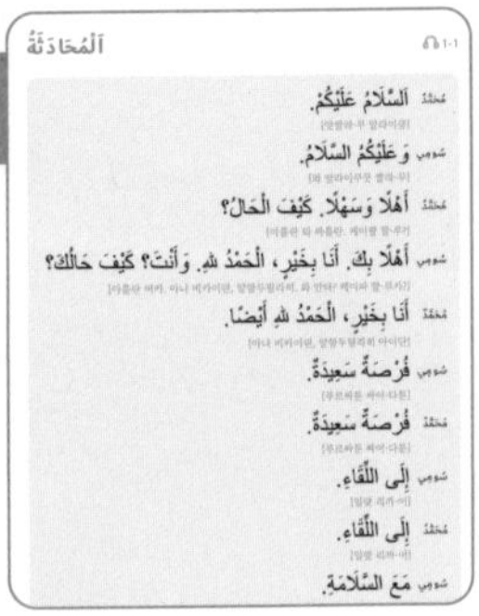

اَلْمُحَادَثَةُ 상황별 회화

경청은 지혜의 특권이다

강의별로 주요 상황에 맞는 핵심 대화문을 소개합니다. 초보자 학습에 도움이 되도록 모든 강의에 한글 독음을 표기하였습니다.

اَلْكَلِمَاتُ 어휘

단어의 이미지는 견고하다

상황별 회화에 등장하는 어휘를 정리하였습니다. 이미지를 연상하면서 기억하도록 합니다.

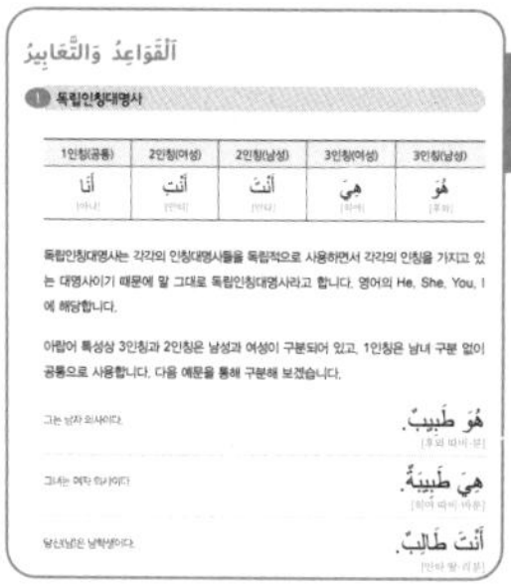

اَلْقَوَاعِدُ وَالتَّعَابِيرُ 문법 & 표현

언어는 본능이 아니다

상황별 회화와 관련된 핵심 문법을 설명하였고,
실용적인 예문과 함께 이해하도록 구성하였습니다.
어휘력 확장을 위해 추가 어휘도 학습하도록 합니다.

اَلْمُحَادَثَةُ وَالْعِبَارَاتُ 패턴회화

언어의 역동성이 인간을 장악한다

자주 사용하는 표현을 대화 형식으로 제시하였습니다.

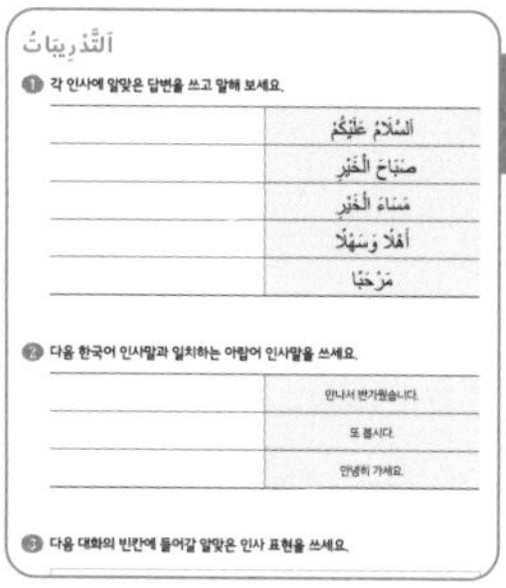

اَلتَّدْرِيبَاتُ 연습 문제

말할 권리는 절대 옹호한다

마지막으로 해당 강의에서 학습한 내용을 확인합니다.
제시된 문장을 아랍어로 말할 수 있는지 스스로 복습하도록 합니다.

차 례

Contents

준비학습 (1)

0-1

아랍어 알파벳

연결형	어말형	어중형	어두형	독립형	발음	
أأأ	ـأ	ـأ-	أ	أ	알리프함자 [Alif-Hamzah]	영어의 f 발음만 주의하여 발음
ببب	ـب	ـبـ	بـ	ب	바 [Baa]	영어의 b 발음처럼 입술을 위아래로 살짝 벌리면서 발음
تتت	ـت	ـتـ	تـ	ت	타 [Taa]	영어의 t 와 같은 발음
ثثث	ـث	ـثـ	ثـ	ث	싸 [Thaa]	영어의 th 발음처럼 혀를 살짝 깨물면서 발음
ججج	ـج	ـجـ	جـ	ج	쥠 [Jiim]	입술을 살짝 벌려 영어의 j 발음을 내며 입술을 닫으면서 발음
ححح	ـح	ـحـ	حـ	ح	하 [Haa]	목 깊은 곳에서 영어의 h 발음을 끌어 올리면서 입김을 내는 발음
خخخ	ـخ	ـخـ	خـ	خ	카 [Khaa]	가래를 뱉을 때 내는 소리처럼 목 깊은 곳에서 내는 발음
ددد	ـد	ـد-	د-	د	달 [Daal]	한국어의 [달]과 같은 발음
ذذذ	ـذ	ـذ-	ذ-	ذ	돨 [Dhaal]	혀를 윗니와 아랫니로 살짝 깨물고 볼에 살짝 바람을 넣어 [달]보다 묵직하게 발음
ررر	ـر	ـر-	ر-	ر	라 [Raa]	혀를 또르르 굴리는 발음
ززز	ـز	ـز-	ز-	ز	자이 [Zaay]	영어의 z 발음처럼 [ㅈ]에 강세를 두어 발음
سسس	ـس	ـسـ	سـ	س	씬 [Siin]	한국어의 [ㅆ] 발음에 강세를 두어 발음
ششش	ـش	ـشـ	شـ	ش	쉰 [Shiin]	'밥이 쉬었다'에서 [쉬] 발음에 [ㄴ] 음만 추가하여 발음
صصص	ـص	ـصـ	صـ	ص	써드 [Saad]	묵직한 [ㅆ] 발음
ضضض	ـض	ـضـ	ضـ	ض	더드 [Daad]	영어의 d 발음에서 혀를 아랫입술에 살짝 붙여 둔탁하게 발음
ططط	ـط	ـطـ	طـ	ط	따 [Taa]	한국어의 [ㄸ] 발음에 강세를 두어 발음
ظظظ	ـظ	ـظـ	ظـ	ظ	자/돠 [Zaa]	살짝 힘을 빼면서 영어의 j 처럼 발음

عععع	ـع	ـعـ	عـ	ع	아인 [Ayn]	턱을 당겨 목구멍을 닫은 상태에서 [아]에 강세를 두어 발음
غغغغ	ـغ	ـغـ	غـ	غ	가인 [Ghayn]	아인과 같은 상태로 [가]에 강세를 두어 발음
ففff	ـف	ـفـ	فـ	ف	파 [Faa]	영어의 f 와 같은 발음
قققق	ـق	ـقـ	قـ	ق	까프 [Qaaf]	목젖을 혀 끝부분에 밀착시켰다가 띄우면서 [ㄲ]에 강세를 두어 발음
كككك	ـك	ـكـ	كـ	ك	카프 [Kaaf]	영어의 k 와 같은 발음
لللل	ـل	ـلـ	لـ	ل	람 [Laam]	영어의 l 과 같은 발음
مممم	ـم	ـمـ	مـ	م	밈 [Miim]	영어의 m 과 같은 발음
نننن	ـن	ـنـ	نـ	ن	눈 [Nuun]	영어의 n 과 같은 발음
هههه	ـه	ـهـ	هـ	ه	하 [Haa]	가벼운 [ㅎ] 발음
وووو	ـو	-ـو-	-و	و	와우 [Waaw]	영어의 'Wow'와 같은 발음
يييي	ـي	ـيـ	يـ	ي	야 [Yaa]	한국어의 [야]와 같은 발음

아랍어 알파벳은 총 28개이며 〈독립형 – 어두형 – 어중형 – 어말형〉으로 이루어져 있습니다. 〈독립형〉은 알파벳 원형을 말하며 〈어두형 – 어중형 – 어말형〉은 각각의 명사와 동사들에서 쓰여진 문자들의 앞(어두) – 중간(어중) – 끝(어말) 위치를 의미합니다. 즉, 28개의 독립형 알파벳들이 각각 위치에 따라 형태가 조금씩 변화한다는 말입니다.
이론상으로 보았을 때 굉장히 어려워 보이지만 쉽게 학습할 수 있는 방법이 있습니다. 모든 알파벳들은 (ه / غ / ع 제외) 어두형과 어중형이 같은 형태로 변화하고, 어말형은 독립형과 똑같은 형태로 변화한다는 패턴을 기억하길 바랍니다. 또한 알파벳을 기점으로 앞 · 뒤에 그어져 있는 선들은 다른 알파벳들이 앞 · 뒤로 위치해 이어짐을 보여주기 위한 표시일 뿐 알파벳의 일부가 아니라는 점을 명심하길 바랍니다. 이러한 과정들을 숙지하고 나면 연결형을 통해 아랍어 문자들을 모음부호와 함께 읽는 연습을 지속적으로 학습해야 합니다.

아랍어 알파벳 중에 주의하여 암기해야 할 알파벳으로 ب [Baa] – ن [Nuun] / ت [Taa] – ي [Yaa] / ف [Faa] – ق [Qaaf]가 있습니다. 왜냐하면 해당 알파벳들의 어두형과 어중형을 비교했을 때, 형태는 같으나 점 위치와 개수에 따라 발음이 달라지기 때문입니다. 또한 아랍어는 한국어, 영어와 달리 오른쪽에서 왼쪽 방향으로 읽고 써야 한다는 점을 명심하길 바랍니다.

쓰기 연습

독립형 문자를 〈어두형 - 어중형 - 어말형〉으로 상기시켜며 발음하면서 써 보세요.

							أ	
							ـأـ	أ
							ـأ	
							بـ	
							ـبـ	ب
							ـب	
							تـ	
							ـتـ	ت
							ـت	
							ثـ	
							ـثـ	ث
							ـث	

ج	ج							
	ج							
	ج							
ح	ح							
	ح							
	ح							
خ	خ							
	خ							
	خ							
د	د							
	د							
	د							

ذ	ذـ							
	ـذـ							
	ـذ							
ر	رـ							
	ـرـ							
	ـر							
ز	زـ							
	ـزـ							
	ـز							
س	سـ							
	ـسـ							
	ـس							

							شـ	ش
							ـشـ	
							ـش	
							صـ	ص
							ـصـ	
							ـص	
							ضـ	ض
							ـضـ	
							ـض	
							طـ	ط
							ـطـ	
							ـط	

							ظـ	
							ـظـ	ظ
							ـظ	
							عـ	
							ـعـ	ع
							ـع	
							غـ	
							ـغـ	غ
							ـغ	
							فـ	
							ـفـ	ف
							ـف	

ق	قـ							
	ـقـ							
	ـق							
ك	كـ							
	ـكـ							
	ـك							
ل	لـ							
	ـلـ							
	ـل							
م	مـ							
	ـمـ							
	ـم							

							نـ	
							ـنـ	ن
							ـن	
							هـ	
							ـهـ	ه
							ـه	
							و-	
							ـو-	و
							ـو	
							يـ	
							ـيـ	ي
							ـي	

1 분리문자

0-2

아랍어 알파벳 중 و ز ر ذ د أ 6개의 알파벳 사용 시 그다음에 이어지는 문자는 연결해서 쓰는 것이 아니라 살짝 분리시켜 씁니다. 그래서 말 그대로 분리문자라고 합니다.

분리문자 أ / ر	분리문자 ر / و	분리문자가 없는 형태
أُسْرَةٌ	وَرَقَةٌ	مَلْعَبٌ

2 모음부호

1 단모음

아래 표에 있는 모음은 단모음이며 주격, 목적격, 소유격 각각의 발음기호가 있습니다. 아랍어는 3격을 가지고 있는 언어이며 주격 [우], 목적격 [아], 소유격 [이]로 발음합니다.

소유격	목적격	주격	격변화
ـِـ	ـَـ	ـُـ	모음표기
[이]	[아]	[우]	발음

| 예시 |

이제 알파벳과 위 표의 단모음이 만났을 때 어떻게 발음이 나는지 보겠습니다. ح 의 발음은 [하]입니다.

소유격	목적격	주격	격변화
ـِـ + ح	ـَـ + ح	ـُـ + ح	모음부호
[하 + 이]	[하 + 아]	[하 + 우]	발음결합
[히]	[하]	[후]	발음

위 표를 보면 알파벳 [하] 발음 중 주격은 [ㅎ + 우 = 후], 목적격은 [ㅎ + 아 = 하], 소유격은 [ㅎ + 이 = 히]처럼 발음나는 것을 알 수 있습니다. 이처럼 알파벳이 모음을 만나면 어떠한 알파벳을 사용하더라도 알파벳의 첫 자음과 모음이 만나 발음나는 체계를 가지고 있습니다. 알파벳 발음이 2음절, 3음절이어도 1음절에 있는 첫 번째 자음만 모음부호와 결합하여 발음합니다.

| 예시 |

소유격	목적격	주격	격변화
إِ	أَ	أُ	알파벳 + 모음부호
[알리프함자 + 이 = 이]	[알리프함자 + 아 = 아]	[알리프함자 + 우 = 우]	발음
عِ	عَ	عُ	알파벳 + 모음부호
[아인 + 이 = 이]	[아인 + 아 = 아]	[아인 + 우 = 우]	발음
قِ	قَ	قُ	알파벳 + 모음부호
[까프 + 이 = 끼]	[까프 + 아 = 까]	[까프 + 우 = 꾸]	발음

알리프함자에 소유격을 표기할 때는 거꾸로 표기해 줍니다. 알리프함자에서만 이러한 표기를 볼 수 있으며 나머지 알파벳들은 변화 없이 그대로 표기합니다.

2 장모음

0-3

장모음의 발음은 단모음에 주격 [우-], 목적격 [아-], 소유격 [이-]를 길게 발음해 주기만 하면 됩니다. 아랍어는 알파벳 하나에 모음을 하나씩 표기해 주어야 합니다. 하지만 장모음을 발음하기 위해서는 모음부호가 표기되지 않으며, 모음부호가 표기되지 않은 알파벳 앞에 위치한 모음부호를 길게 끌어주면서 발음하는 것이 장모음의 역할입니다.

소유격	목적격	주격	격변화
ـِـي	ـَـا	ـُـو	모음부호
[이-]	[아-]	[우-]	발음

| 예시 |

소유격	목적격	주격	격변화
كَبِيرٌ	كِتَابٌ	فُولٌ	모음부호
[케비-룬]	[키타-분]	[풀-룬]	발음
كَثِيرٌ	حِذَاءٌ	صُنْدُوقٌ	모음부호
[케씨-룬]	[히다-운]	[쑨두-꾼]	발음
فِيلْمٌ	صُدَاعٌ	كُورِيَا	모음부호
[필-문]	[쑤다-운]	[쿠-리야]	발음

- ك[카프]는 [아] 발음과 결합 시 원래 [카] 발음이 맞지만 아랍인들은 통상적으로 [케]로 발음합니다.
- ـْ (수쿤)은 알파벳이 모음을 가지지 않을 때 사용되며 알파벳 위에 ـْ 이런 모양으로 표기합니다. 수쿤은 첫 번째 자음(어두)에는 올 수 없고, 두 번째 자음(어중)부터 사용하며 [으]로 발음합니다. 그러므로 어떠한 알파벳을 만나더라도 모두 [으]로 발음합니다.

وْ	ثْ	فْ
[으]	[트]	[프]
خْ	جْ	سْ
[크]	[즈]	[쓰]

3 이중모음

0-4

이중모음은 말 그대로 모음을 2개 가지고 있는 형태로 발음은 [아우], [아이] 2개만 존재합니다. 수쿤을 표기했는데도 불구하고 [으] 발음이 아닌 [우]나 [이]로 발음한다면 이중모음이기 때문입니다.

ـَيْ	ـَوْ	모음부호
[아이]	[아우]	발음
عَيْنٌ	مَوْعِدٌ	모음부호
[아이눈]	[마우이둔]	발음
صَيْفٌ	فَوْقَ	모음부호
[싸이푼]	[파우까]	발음
خَيْرٌ	يَوْمٌ	모음부호
[카이룬]	[야우뭄]	발음

4 탄윈

탄윈은 명사에서 마지막 자리에 표기되며 단모음의 발음 [우], [아], [이]에서 N음만 추가하여 [운], [안], [인]으로 발음하고 비한정일 때 사용합니다. 탄윈은 단모음과 같이 비교해서 보면 쉽게 학습할 수 있습니다.

소유격	목적격	주격	단모음
ـِـ	ـَـ	ـُـ	모음표기
[이]	[아]	[우]	발음

소유격	목적격	주격	탄윈
ـٍـ	ـًا ، ـًـ	ـٌـ	모음표기
[인]	[안]	[운]	발음

5 한정과 비한정

0-5

아랍어에도 한정과 비한정이 존재합니다. 한정을 시키기 위해서는 간단하게 정관사 اَلْ 를 명사에 붙이고, 정관사가 없으면 비한정이 됩니다. 아랍어에서 정관사는 영어의 the와 똑같은 용법으로 항상 명사 앞에 붙여 사용합니다. 예시로 قَلَمٌ[깔라문] '펜'을 통해 살펴보겠습니다.

| 한정 |

의미	격	단어	한정
이 펜은/는/이/가	주격	اَلْقَلَمُ	ـُـ
이 펜을/를	목적격	اَلْقَلَمَ	ـَـ
이 펜의	소유격	اَلْقَلَمِ	ـِـ

| 비한정 |

의미	격	단어	비한정
(한) 펜은/는/이/가	주격	قَلَمٌ	ـٌـ
(한) 펜을/를	목적격	قَلَمًا	ـًا ، ـًـ
(한) 펜의	소유격	قَلَمٍ	ـٍـ

연습문제

1 다음 아랍어 자음을 분리하세요.

	كوريا
	مكتب
	كتاب
	فنجان
	أمريكا

2 다음 알파벳과 모음 결합을 발음해보고 그 발음을 쓰세요.

소유격	목적격	주격	격변화
فِ	بَ	جُ	알파벳 + 모음부호
			발음
إِ	تَ	نُ	알파벳 + 모음부호
			발음
سِ	طَ	غُ	알파벳 + 모음부호
			발음

3 다음 아랍어 자음을 연결하세요.

	ط + ا + ل + ب
	ه + ا + ت + ف
	ق + ل + م
	س + ر + ي + ر
	ر + ج + ل

준비학습 (2)

아랍어 기본 문법

1 샷다 ـّ

0-6

샷다는 동일한 알파벳 2개가 중복될 때 쓰이는 문법사항입니다. 중복된 2개의 문자 중 첫 번째 문자에는 모음이 없어 ـْ (수쿤)으로 표기하고, 나머지 문자에는 샷다가 없다고 가정했을 때 남은 모음부호를 표기합니다. 즉, 첫 번째 문자가 수쿤으로 발음되므로 두 개의 문자가 병합이 가능하다는 의미입니다. 샷다는 ـّ 이렇게 표기하는데 마치 숫자 3을 살짝 비스듬히 쓴 것과 같은 모양입니다. 샷다는 다음과 같이 활용할 수 있습니다.

샷다 활용	예시
أُ + مْ + مٌ	أُمٌّ [움문]
رُ + مْ + مَ + ا + نٌ	رُمَّانٌ [룸마-눈]
مُ + دَ + رْ + رِ + سٌ	مُدَرِّسٌ [무다르리쑨]

첫 번째와 두 번째 예시의 발음을 보면 수쿤 발음을 첫 번째 자음에 받침으로 표기하였고, 세 번째 예시는 수쿤 발음을 [라] 알파벳에 그대로 결합하여 [르]라고 발음하였습니다. 발음의 유연성 때문에 수쿤의 발음을 앞 자음에 받침으로 주어 발음하기도 합니다.

2 맛다 آ

0-7

맛다 آ 는 알파벳 중 가장 처음에 배운 알리프함자와 알리프가 중복될 때 사용합니다. 위에서 알파벳들이 중복되면 샷다를 표기한다고 하였으나, 알리프함자만 맛다를 표기해주고 샷다는 표기하지 않습니다. 맛다는 알리프 위에 물결모양으로 표시하고 [아-] 장모음처럼 길게 끌어 발음합니다.

의미	예시
죄송합니다	آسِفٌ [아-씨푼]
유적들	آثَارٌ [아-싸-룬]

3 타마르부타 ة

0-8

아랍어는 명사를 사용할 때 남성과 여성을 항상 구분하여 사용합니다. 남성명사와 여성명사를 구분 시 ة (타마르부타)가 있으면 여성형, 없으면 남성형으로 취급하며 명사의 가장 마지막 자리에 표기합니다. 타마르부타는 [ㅌ]로 발음합니다.

여성형	남성형
سَيَّارَةٌ [싸이야-라툰]	قَامُوسٌ [까-무-쑨]
سَاعَةٌ [싸-아툰]	كُرْسِيٌّ [쿠르씨윤]
غَسَّالَةٌ [갓쌀-라툰]	طَالِبٌ [딸-리분]

4 함자의 받침

0-9

알리프함자에서 알리프와 함자를 따로 표기하여 발음하기도 합니다. ء 함자만 단독으로 사용할 수도 있고, أ 알리프 또는 ؤ 와우 받침으로 사용하기도 하며 ئ 이렇게 사용하기도 합니다. ء 함자는 [ㅇ] 발음이므로 함자에 표기하는 모음부호 발음을 그대로 읽습니다.

حِذَاءٌ [히다-운]	مَاءٌ [마-운]	ء
أَمَاكِنُ [아마-키누]	أُسْرَةٌ [우쓰라툰]	أ
لُؤْلُؤَةٌ [루으루아툰]	سُؤَالٌ [쑤알-룬]	ؤ

شَيْئٌ [샤이운]	دَافِئٌ [다-피운]	ئ
رَائِعٌ [라-이운]	بَائِعٌ [바-이운]	ئـ

5 태양문자와 월문자

0-10

1 태양문자

아랍어의 알파벳 중 태양문자는 14개로 정관사 اَلْ 를 태양문자와 함께 사용하면 정관사는 [알]이 아닌 [앗]으로 발음하며, 태양문자에 "샷다"를 표기합니다. 태양문자는 명사 어두에 위치한 문자를 말하며, 태양문자에는 규칙성이 있어 월문자보다 암기하기 수월합니다. 앞 2개의 문자 ث ت 3번째 문자 د 부터 ظ 까지 알파벳 순서대로 나열되고 마지막에 2개의 문자 ن ل 를 추가시킵니다.

ن ل ظ ط ض ص ش س ز ر ذ د ث ت	태양문자

한정 - 비한정	태양문자	한정 - 비한정	태양문자
شَمْسٌ - اَلشَّمْسُ [앗샴쑤] [샴쑨]	ش [쉰]	تَمْرٌ - اَلتَّمْرُ [앗타무루] [타무룬]	ت [타]
صُنْدُوقٌ - اَلصُّنْدُوقُ [앗쑨두-꾸] [쑨두-꾼]	ص [써드]	ثَوْبٌ - اَلثَّوْبُ [앗싸우부] [싸우분]	ث [싸]
ضَابِطٌ - اَلضَّابِطُ [앗돠-비뚜] [돠-비뚠]	ض [더드]	دَفْتَرٌ - اَلدَّفْتَرُ [앗다프타루] [다프타룬]	د [달]
طَالِبٌ - اَلطَّالِبُ [앗딸-리부] [딸-리분]	ط [따]	ذُبَابٌ - اَلذُّبَابُ [앗두바-부] [두바-분]	ذ [달]
ظَرْفٌ - اَلظَّرْفُ [앗자루푸] [자루푼]	ظ [자]	رُمَّانٌ - اَلرُّمَّانُ [앗룸마-누] [룸마-눈]	ر [라]
لِسَانٌ - اَللِّسَانُ [앗리싸-누] [리싸-눈]	ل [람]	زَهْرَةٌ - اَلزَّهْرَةُ [앗자흐라투] [자흐라툰]	ز [자이]

نُورٌ - اَلنُّورُ [앗누-루] [누-룬]	ن [눈]	سَرِيرٌ - اَلسَّرِيرُ [앗싸리-루] [싸리-룬]	س [씬]

태양문자에서 사용하는 샷다는 어두에 위치한 문자가 중복되어 사용한 것이 아니라 태양문자이기 때문에 표기하는 것입니다. 어중과 어말에 샷다가 표기되어 있을 때만 중복 샷다라고 볼 수 있습니다.

2 월문자

아랍어의 알파벳 중 월문자는 14개로 정관사 اَلْ 을 명사에 삽입했을 때 [알]로 발음하며, 태양문자와는 반대로 어두에 "샷다"를 표기하지 않습니다.

ي و ه م ك ق ف غ ع خ ح ج ب أ	월문자

한정 - 비한정	월문자	한정 - 비한정	월문자
فِيلْمٌ - اَلْفِيلْمُ [알필-무] [필-문]	ف [파]	أُسْتَاذَةٌ - اَلْأُسْتَاذَةُ [알우쓰타-다투] [우쓰타-다툰]	أ [알리프함자]
قَامُوسٌ - اَلْقَامُوسُ [알까-무-쑤] [까-무-쑨]	ق [까프]	بَيْتٌ - اَلْبَيْتُ [알바이투] [바이툰]	ب [바]
كِتَابٌ - اَلْكِتَابُ [알키타-부] [키타-분]	ك [카프]	جَمَلٌ - اَلْجَمَلُ [알자말루] [자말룬]	ج [쥠]
مُمَرِّضَةٌ - اَلْمُمَرِّضَةُ [알무마르리돠투] [무마르리돠툰]	م [밈]	حَرْبٌ - اَلْحَرْبُ [알하루부] [하루분]	ح [하]
هِبَةٌ - اَلْهِبَةُ [알히바투] [히바툰]	ه [하]	خِبْرَةٌ - اَلْخِبْرَةُ [알키브라투] [키브라툰]	خ [카]
وَرْدَةٌ - اَلْوَرْدَةُ [알와르다투] [와르다툰]	و [와우]	عِنَبٌ - اَلْعِنَبُ [알이나부] [이나분]	ع [아인]
يَوْمٌ - اَلْيَوْمُ [알야우무] [야우문]	ي [야]	غُرْفَةٌ - اَلْغُرْفَةُ [알구르파투] [구르파툰]	غ [가인]

위에서도 언급했듯이 태양문자와 월문자를 쉽게 학습하는 방법은 태양문자만 암기하는 것입니다. 문법과 규칙성이 태양문자에만 있고 월문자에는 없기 때문입니다. 태양문자와 월문자에 있는 어휘들을 천천히 읽어보면서 발음 연습을 해보길 바랍니다.

6 성, 수, 격, (비)한정 일치

0-11

아랍어는 성, 수, 격, (비)한정 4가지가 일치해야 완벽한 문장이라 할 수 있습니다. 이 중에 한 가지라도 일치하지 않는다면 그 문장은 틀린 문장이 됩니다. 성은 [남성/여성], 수는 [단수/쌍수/복수], 격은 [주격/목적격/소유격], 한정/비한정은 [정관사 유무] 입니다.

의미	문장	일치
이 아름다운 집은 크다.	اَلْبَيْتُ الْجَمِيلُ كبيرٌ . [알바이툴 자밀-루 케비-룬]	성 + 수 + 격 + 한정
이 작은 가방은 예쁘다.	اَلْحَقِيبَةُ الصَّغِيرَةُ جَمِيلَةٌ. [알하끼-바툿 싸기-라투 자밀-라툰]	성 + 수 + 격 + 한정
이 큰 책은 유용하다.	اَلْكِتَابُ الْكَبِيرُ مُفِيدٌ. [알키타-불 케비-루 무피-둔]	성 + 수 + 격 + 한정
이 아름다운 자동차는 크다.	اَلسَّيَّارَةُ الْجَمِيلَةُ كَبِيرَةٌ. [앗싸이야-라툴 자밀-라투 케비-라툰]	성 + 수 + 격 + 한정

첫 번째 예문에서 اَلْبَيْتُ 는 '집'이라는 남성명사입니다. 그러므로 뒤에 이어지는 الْجَمِيلُ كبيرٌ 에 ة (타마르부타) 없이 남성형 문장으로 만들어 줍니다.

두 번째 예문에서 اَلْحَقِيبَةُ 는 '가방'이라는 여성명사입니다. 그러므로 뒤에 이어지는 الصَّغِيرَةُ جَمِيلَةٌ 에 ة (타마르부타)를 모두 접미하여 여성형 문장으로 만들어 줍니다.

세 번째 예문은 첫 번째 예문과, 네 번째 예문은 두 번째 예문과 동일한 구조인데, 아랍어 문장을 남성형 또는 여성형으로 쓰는 기준은 문장을 시작하는 주어입니다. 주어가 남성형이면 문장이 마무리될 때까지 전부 남성형으로, 주어가 여성형이면 문장이 마무리될 때까지 전부 여성형 문장으로 만들어 주어야 합니다. 아랍어는 독일어처럼 중성이 없으므로 한 문장에 남성형과 여성형이 동시에 나오는 경우는 불규칙을 제외하고는 없습니다.

위 예문들은 모두 명사문입니다. 아랍어 명사문 구조는 〈주어 + 술어〉이며 주어에는 정관사를 붙여 사용하고, 술어에는 정관사 없이 비한정 상태로 문장을 마무리합니다. 아랍어는 명사문에서 영어처럼 be동사가 존재하지 않으며 명사와 술어로만 문장을 구성합니다. 아랍어는 문장을 읽을 때 모든 어휘를 연음하여 읽어야 합니다. 부드럽게 문장을 읽어내야 하기 때문입니다. 연음 시 어휘의 마지막 발음과 이어지는 어휘의 첫 발음의 자음을 받침으로 결합하여 읽습니다. 예시들을 통해 연습해 보길 바랍니다.

연습문제

1 다음을 샷다 용법에 유의하여 올바르게 배열하세요.

	سَبُّورَةٌ
	مُوَظَّفٌ
	مُمَرِّضَةٌ

2 다음 중 태양문자가 들어간 문자를 고르세요.

① اَلْكِتَابُ ② اَلدَّرْسُ ③ اَلْجَمَلُ ④ اَلْمَغْرِبُ ⑤ اَلْمَكْتَبَةُ

3 다음 명사들의 성을 구분하고 발음을 쓰세요.

성 / 발음	명사	성 / 발음	명사
	كُوبٌ		طَالِبَةٌ
	مِلْعَقَةٌ		دِرَاسَةٌ
	طَاوِلَةٌ		لَذِيذٌ
	سُؤَالٌ		شُبَّاكٌ
	آسِفٌ		جَمِيلَةٌ

LESSON 01

인사 안녕하세요.

اَلسَّلَامُ عَلَيْكُمْ.

اَلْمُحَادَثَةُ

1-1

مُحَمَّدٌ اَلسَّلَامُ عَلَيْكُمْ.
[앗쌀라-무 알라이쿰]

سُومِي وَعَلَيْكُمُ السَّلَامُ.
[와 알라이쿠뭇 쌀라-무]

مُحَمَّدٌ أَهْلًا وَسَهْلًا. كَيْفَ الْحَالُ؟
[아흘란 와 싸흘란. 케이팔 할-루?]

سُومِي أَهْلًا بِكَ. أَنَا بِخَيْرٍ، اَلْحَمْدُ لِلّٰهِ. وَأَنْتَ؟ كَيْفَ حَالُكَ؟
[아흘란 비카. 아나 비카이린, 알함두릴라히. 와 안타? 케이파 할-루카?]

مُحَمَّدٌ أَنَا بِخَيْرٍ، اَلْحَمْدُ لِلّٰهِ أَيْضًا.
[아나 비카이린, 알함두릴라히 아이단]

سُومِي فُرْصَةٌ سَعِيدَةٌ.
[푸르싸툰 싸이-다툰]

مُحَمَّدٌ فُرْصَةٌ سَعِيدَةٌ.
[푸르싸툰 싸이-다툰]

سُومِي إِلَى اللِّقَاءِ.
[일랄 리까-이]

مُحَمَّدٌ إِلَى اللِّقَاءِ.
[일랄 리까-이]

سُومِي مَعَ السَّلَامَةِ.
[마앗 쌀라-마티]

مُحَمَّدٌ مَعَ السَّلَامَةِ.
[마앗 쌀라-마티]

اَلْكَلِمَاتُ

اَلسَّلَامُ [앗쌀라-무]	평화
بِخَيْرٍ [비카이린]	좋은
اَلْحَمْدُ لِلّٰهِ [알함두릴라히]	하느님 찬양, 찬미
أَيْضًا [아이단]	또한
فُرْصَةٌ [푸르싸툰]	기회
سَعِيدَةٌ [싸이-다툰]	행복한

| 해석 |

무함마드: 안녕하세요.

수미: 안녕하세요.

무함마드: 환영합니다. 잘 지내십니까?

수미: 안녕하세요. 저는 하느님 덕분에 잘 지냅니다. 그리고 당신(남)은요? 잘 지내십니까?

무함마드: 저 또한 잘 지냅니다.

수미: 만나서 반갑습니다.

무함마드: 만나서 반갑습니다.

수미: 또 만납시다.

무함마드: 또 만납시다.

수미: 안녕히 가세요.

무함마드: 안녕히 가세요.

اَلْقَوَاعِدُ وَالتَّعَابِيرُ

1 독립인칭대명사

1인칭(공통)	2인칭(여성)	2인칭(남성)	3인칭(여성)	3인칭(남성)
أَنَا [아나]	أَنْتِ [안티]	أَنْتَ [안타]	هِيَ [히야]	هُوَ [후와]

독립인칭대명사는 각각의 인칭대명사들을 독립적으로 사용하면서 각각의 인칭을 가지고 있는 대명사이기 때문에 말 그대로 독립인칭대명사라고 합니다. 영어의 He, She, You, I에 해당합니다.

아랍어 특성상 3인칭과 2인칭은 남성과 여성이 구분되어 있고, 1인칭은 남녀 구분 없이 공통으로 사용합니다. 다음 예문을 통해 구분해 보겠습니다.

그는 남자 의사이다.

هُوَ طَبِيبٌ.
[후와 따비-분]

그녀는 여자 의사이다.

هِيَ طَبِيبَةٌ.
[히야 따비-바툰]

당신(남)은 남학생이다.

أَنْتَ طَالِبٌ.
[안타 딸-리분]

당신(여)은 여학생이다.

أَنْتِ طَالِبَةٌ.
[안티 딸-리바툰]

나는 교수(남/여)이다.

أَنَا أُسْتَاذٌ/أُسْتَاذَةٌ.
[아나 우쓰타-둔 / 우쓰타-다툰]

독립인칭대명사 3인칭과 2인칭은 남성과 여성을 구분지어 사용하므로 남성이면 ة (타마르부타) 없이 남성형 문장으로 만들고, 여성이면 ة (타마르부타)를 사용하여 여성형 문장으로 만듭니다. 1인칭은 남녀 구분없이 공통으로 사용하므로 말하는 화자의 성에 맞추어 사용합니다. 즉, 3인칭과 2인칭은 상대방의 성에 맞추어 사용하고, 1인칭만 화자에 맞추어 사용합니다.

2 접미인칭대명사

1인칭(공통)	2인칭(여성)	2인칭(남성)	3인칭(여성)	3인칭(남성)
ـِي [이]	كِ [키]	كَ [카]	هَا [하]	هُ [후]

접미인칭대명사는 아랍어에만 있는 특징입니다. 접미인칭대명사는 명사에 위 표의 인칭들을 상대방의 성에 맞추어 접미시켜 사용하는데, 각각 인칭들을 가지고 있는 대명사이기 때문에 말 그대로 접미인칭대명사라고 합니다. 다음 예시를 살펴보겠습니다.

당신(남성)의 책	[한국어]
Your book	[영어]
كِتَابٌ + كَ = كِتَابُكَ	[아랍어]

كِتَابٌ[키타-분] '책'이라는 명사 마지막 자리에 2인칭 남성 접미인칭대명사인 كَ[카]를 접미시켜 كِتَابُكَ[키타-부카] '당신(남성)의 책'이라고 표기하였습니다. 접미인칭대명사는 명사와 동사에 모두 접미시켜 사용할 수 있으며 항상 마지막 자리에 상대방의 성에 맞추어 사용합니다.

또한 كِتَابُكَ 에서 밑줄 친 명사의 모음부호가 한정주격상태를 유지하고 있습니다. '책'이 '당신(남성)'에게 소유되었기 때문에 접미인칭대명사도 한정상태를 유지합니다. 따라서 اَلْكِتَابُكَ[알키타-부카]처럼 정관사와 접미인칭대명사를 동시에 사용할 수 없습니다. 접미인칭대명사와 정관사 둘 다 한정상태이기 때문입니다.

| 예시 |

1인칭(공통)	2인칭(여성)	2인칭(남성)	3인칭(여성)	3인칭(남성)
كِتَابِي [키타-비-]	كِتَابُكِ [키타-부키]	كِتَابُكَ [키타-부카]	كِتَابُهَا [키타-부하]	كِتَابُهُ [키타-부후]
내 책	당신(여)의 책	당신(남)의 책	그 여성의 책	그 남성의 책

3 인사 표현

〈만날 때 인사〉

의미	답변	인사	특성
안녕하세요 반갑습니다	وَ عَلَيْكُمُ السَّلَامُ [와 알라이쿠뭇 쌀라-무]	اَلسَّلَامُ عَلَيْكُمْ [앗쌀라-무 알라이쿰]	이슬람식 인사
안녕하세요	صَبَاحَ النُّورِ [싸바-핫 누-리]	صَبَاحَ الْخَيْرِ [싸바-할 카이리]	아침 인사
안녕하세요	مَسَاءَ النُّورِ [마싸-앗 누-리]	مَسَاءَ الْخَيْرِ [마싸-알 카이리]	저녁 인사
어서오세요 환영합니다	أَهْلًا بِكَ [아흘란 비카] (남성)	أَهْلًا وَسَهْلًا [아흘란 와 싸흘란]	아랍 전통 인사
안녕하세요 반갑습니다	مَرْحَبًا [마르하반]	مَرْحَبًا [마르하반]	아랍 전통 인사
만나서 반갑습니다 (남성 / 여성)	مَسْرُورٌ بِلِقَائِكَ [마쓰루-룬 빌리까-이키]	مَسْرُورَةٌ بِلِقَائِكَ [마쓰루-라툰 빌리까-이카]	처음 만났을 때 하는 인사

اَلسَّلَامُ 에서 밑줄 친 알파벳은 ا + ل 결합입니다. 원래 لا 처럼 표기하지만 어중과 어말 자리에서 ا + ل 가 되면 ل 에 ا 를 칼을 꽂듯이 씁니다. أَهْلًا وَسَهْلًا 에서 밑줄 친 부분 또한 ا + ل 의 결합입니다.

〈헤어질 때 인사〉

헤어질 때 인사는 인사와 답변이 동일하기 때문에 쉽게 학습할 수 있습니다.

의미	인사 / 답변
만나서 반가웠습니다	فُرْصَةٌ سَعِيدَةٌ [푸르싸툰 싸이-다툰]
또 봅시다	إِلَى اللِّقَاءِ [일랄 리까-이]
안녕히 가세요	مَعَ السَّلَامَةِ [마앗 쌀라-마티]

4 안부 표현

어떻게 지내세요? **كَيْفَ الْحَالُ؟**

[케이팔 할-루?]

당신(남)은 어떻게 지내세요? **كَيْفَ حَالُكَ؟**

[케이파 할-루카?]

영어의 "How are you?"에 해당하는 표현이 아랍어에도 있습니다. كَيْفَ[케이파]는 영어의 'How'에 해당하며, الْحَالُ[알할-루]는 '상태'라는 의미입니다. 직역을 하면 "상태가 어떠십니까?" 즉, "어떻게 지내십니까?"라는 의미입니다.

- 접미인칭대명사 부분에서 학습한 것처럼 정관사와 접미인칭대명사는 모두 한정을 의미하므로 둘 중에 하나만 사용해야 합니다. 또한 كَيْفَ 에서 밑줄 친 부분은 알파벳 [카프 + 아 = 카] 발음이 맞으나 아랍인들은 이 알파벳만 [케]라고 발음하니 참고하길 바랍니다.

- الْحَالُ[알할-루]를 발음하면 [알하-루]가 맞으나 [하 + ㄹ]이 되어 [알할-루]라고 발음합니다. 이는 발음의 유연성 때문에 그렇습니다. ل[람] 알파벳을 사용하면 앞에 위치한 문자에 'ㄹ' 받침을 주어 발음합니다. 실제로 발음해보면 [알하-루]보다는 [알할-루]가 부드럽게 들립니다.

독립인칭대명사 2인칭(여성)	독립인칭대명사 2인칭(남성)
وَ أَنْتِ؟ [와 안티?]	وَ أَنْتَ؟ [와 안타?]
그리고 당신(여)은요?	그리고 당신(남)은요?

وَأَنْتَ[와안타]는 영어의 "And you?"와 동일한 표현입니다. 여기서 وَ[와]는 'and', أَنْتَ/أَنْتِ 는 'you'에 해당하며, 말하는 화자에 맞추어 사용하는 것이 아니라 상대방의 성과 인칭에 맞추어 사용해야 합니다.

اَلْمُحَادَثَةُ وَالْعِبَارَاتُ

1-2

① اَلْمُحَادَثَةُ وَالْعِبَارَاتُ

A اَلسَّلَامُ عَلَيْكُمْ.

B وَعَلَيْكُمُ السَّلَامُ.

A كَيْفَ حَالُكِ؟

B أَنَا بِخَيْرٍ، اَلْحَمْدُ لِلّٰهِ.

A: 안녕하세요.
B: 안녕하세요.
A: 당신(여)은 잘 지내십니까?
B: 나는 하느님 덕택에 잘 지냅니다.

② اَلْمُحَادَثَةُ وَالْعِبَارَاتُ

A مَرْحَبًا. أَهْلًا وَسَهْلًا.

B مَرْحَبًا. أَهْلًا بِكَ.

A إِلَى اللِّقَاءِ.

B إِلَى اللِّقَاءِ.

A: 안녕하세요. 환영합니다.
B: 안녕하세요. 반갑습니다.
A: 또 봅시다.
B: 또 봅시다.

اَلتَّدْرِيبَاتُ

1 각 인사에 알맞은 답변을 쓰고 말해 보세요.

اَلسَّلَامُ عَلَيْكُمْ	
صَبَاحَ الْخَيْرِ	
مَسَاءَ الْخَيْرِ	
أَهْلًا وَسَهْلًا	
مَرْحَبًا	

2 다음 한국어 인사말과 일치하는 아랍어 인사말을 쓰세요.

만나서 반가웠습니다.	
또 봅시다.	
안녕히 가세요.	

3 다음 대화의 빈칸에 들어갈 알맞은 인사 표현을 쓰세요.

لَيْلَى اَلسَّلَامُ عَلَيْكُمْ.

حَامِدٌ وَعَلَيْكُمُ السَّلَامُ.

لَيْلَى كَيْفَ حَالُكَ؟

حَامِدٌ أَنَا ....

LESSON 02

소개 당신의 이름은 무엇입니까?

مَا اسْمُكَ؟

اَلْمُحَادَثَةُ

2-1

أَحْمَدُ مَا اسْمُكِ؟

[마 쓰무키?]

جَمِيلَةُ إِسْمِي جَمِيلَةُ. وَأَنْتَ؟ مَا اسْمُكَ؟

[이쓰미 자밀-라투. 와 안타? 마 쓰무카?]

أَحْمَدُ إِسْمِي أَحْمَدُ. مَا هَذَا؟

[이쓰미 아흐마두. 마 하다?]

جَمِيلَةُ هَذَا كِتَابٌ. مَا هَذِهِ؟

[하다 키타-분. 마 하디히?]

أَحْمَدُ هَذِهِ سَيَّارَةٌ. مَا ذَلِكَ؟

[하디히 싸이야-라툰. 마 달리카?]

جَمِيلَةُ ذَلِكَ قَلَمٌ. مَا تِلْكَ؟

[달리카 깔라문. 마 틸카?]

أَحْمَدُ تِلْكَ مَائِدَةٌ. مَاذَا عَلَى الْمَكْتَبِ؟

[틸카 마-이다툰. 마-다 알랄 마크타비?]

جَمِيلَةُ اَلْكِتَابُ عَلَى الْمَكْتَبِ. مَاذَا تَحْتَ الْمَكْتَبِ؟

[알키타-부 알랄 마크타비. 마-다 타흐탈 마크타비?]

أَحْمَدُ اَلْحَقِيبَةُ تَحْتَ الْمَكْتَبِ.

[알하끼-바투 타흐탈 마크타비]

اَلْكَلِمَاتُ

مَا [마]	무엇
اِسْمٌ [이쓰문]	이름
كِتَابٌ [키타-분]	책
سَيَّارَةٌ [싸이야-라툰]	자동차
قَلَمٌ [깔라문]	펜
مَائِدَةٌ [마-이다툰]	식탁
عَلَى [알라]	위에 (전치사)
مَكْتَبٌ [마크타분]	책상, 사무실
تَحْتَ [타흐타]	아래 (전치사)
حَقِيبَةٌ [하끼-바툰]	가방

| 해석 |

아흐마드: 당신(여)의 이름은 무엇입니까?

자밀라: 나의 이름은 자밀라입니다. 그리고 당신(남)은요? 당신(남)의 이름은 무엇입니까?

아흐마드: 나의 이름은 아흐마드입니다. 이것(남)은 무엇입니까?

자밀라: 이것(남)은 책입니다. 이것(여)은 무엇입니까?

아흐마드: 이것(여)은 자동차입니다. 저것(남)은 무엇입니까?

자밀라: 저것(남)은 펜입니다. 저것(여)은 무엇입니까?

아흐마드: 저것(여)은 식탁입니다. 책상 위에는 무엇이 있습니까?

자밀라: 책이 책상 위에 있습니다. 책상 아래에는 무엇이 있습니까?

아흐마드: 가방이 책상 아래에 있습니다.

أَحْمَدُ 와 جَمِيلَةُ 의 정확한 아랍어 발음은 [아흐마두] 그리고 [자밀-라투]입니다. 하지만 통상적으로 아랍인들은 [아흐마두] → [아흐마드] / [자밀-라투] → [자밀-라]라고 발음합니다. 아랍인들은 발음할 때 항상 마지막 발음은 자음만 발음날 정도로 약하게 발음하기 때문이며, 여성형의 타마르부타는 거의 발음하지 않기 때문입니다.

지금은 초급 과정이기 때문에 우선은 모두 소리내어 정확하게 발음하는 것이 급선무이며, 아랍어 발음에 익숙해진 후에 마지막 자음만 약하게 또는 타마르부타 없이 발음하는 연습을 해 보시길 바랍니다.

اَلْقَوَاعِدُ وَالتَّعَابِيرُ

1 아랍어 이름의 성 구분

아랍어 이름은 성을 구분하여 사용하는데, 남성에는 ة (타마르부타)가 없고 여성에만 사용합니다. 또한 ة (타마르부타)가 없지만 여성 취급하는 불규칙 여성 이름도 존재합니다. 다음은 많이 사용하는 남성 이름과 여성 이름입니다.

| 남성 이름 |

كَرِيمٌ [케림]	مُصْطَفًى [무쓰따파]	مَحْمُودٌ [마흐무-드]	أَحْمَدُ [아흐마드]	مُحَمَّدٌ [무함마드 / 함마드]
حَامِدٌ [하-미드]	خَالِدٌ [칼-리드]	عَلِيٌّ [알리]	عُمَرُ [우마르]	مُوسَى [무-싸]

| 여성 이름 |

أَمِيرَةٌ [아미-라]	مَرْوَةٌ [마르와]	فَاطِمَةُ [파-띠마]	هَالَةُ [할-라]	جَمِيلَةُ [자밀-라]
سَمَرُ [싸마르]	سُعَادُ [쑤아-드]	زَيْنَبُ [자이납]	لَيْلَى [라일라]	مَرْيَمُ [마르얌]

2 의문사

아랍어에는 '무엇'이라는 의문사로 مَا[마]와 مَاذَا[마-다] 2개가 존재합니다. مَا[마]는 명사에만 사용 가능하며, مَاذَا[마-다]는 명사를 제외한 동사/전치사/부사에 사용합니다.

당신(남)의 이름은 무엇입니까?

مَا اسْمُكَ؟

[마 쓰무카?]

당신(여)의 직업은 무엇입니까?

مَا عَمَلُكِ؟

[마 아말루키?]

'이름'은 아랍어로 اِسْمٌ[이쓰문]이라고 발음하지만, 예문에서 의문사 مَا[마]와 함께 사용하면서 [이] 발음이 사라지고 [마 쓰무카?]로 발음하였습니다. 알리프에 함자가 없어 연음 시 [이] 발음이 의문사 [마] 발음과 동화되어 사라지기 때문입니다.
또한 접미인칭대명사 كَ 는 화자가 남성이 아니라 상대방이 남성이므로 상대방의 성과 인칭에 맞추어 사용하였으며, 두 번째 예문 مَا عَمَلُكِ؟[마 아말루키?]도 상대방의 성과 인칭에 맞추어 2인칭 여성 접미인칭대명사를 명사에 접미시켜 사용하였습니다.

방에는 무엇이 있습니까? - 전치사

مَاذَا فِي الْغُرْفَةِ؟

[마-다 필 구르파티?]

여기/저기에는 무엇이 있습니까? - 부사

مَاذَا هُنَا / هُنَاكَ؟

[마-다 후나 / 후나-카?]

3 지시대명사

저것(여성)	저것(남성)	이것(여성)	이것(남성)
تِلْكَ [틸카]	ذَلِكَ [달리카]	هَذِهِ [하디히]	هَذَا [하다]

아랍어에도 영어의 this와 that에 해당하는 표현이 있는데 이것을 지시대명사라고 부릅니다. 영어처럼 '이것'과 '저것'으로 나뉘는데, 차이점은 남성과 여성이 구분되어 있다는 것입니다.

이것(남)은 책입니다.

هَذَا كِتَابٌ.

[하다 키타-분]

이것(여)은 자동차입니다.

هَذِهِ سَيَّارَةٌ.

[하디히 싸이야-라툰]

저것(남)은 집입니다.

ذَلِكَ بَيْتٌ.

[달리카 바이툰]

저것(여)은 나무입니다.

تِلْكَ شَجَرَةٌ.

[틸카 샤자라툰]

4 전치사

아랍어에는 전치사가 많이 있는데 한국어로 한다면 위에/아래에/옆에/뒤에/안에/~로부터/~에 관하여 등입니다. 전치사에서 중요한 문법은 전치사를 뒤따르는 명사들의 마지막 모음부호가 무조건 소유격으로 표기되어야 한다는 점입니다. 다음은 많이 사용하는 전치사입니다.

위에 (on)	아래에 (under)	안에 (in)	~로 (by)	~로부터 (from)	~로 (to)
عَلَى [알라]	تَحْتَ [타흐타]	فِي [피]	بِـ [비]	مِنْ [민]	إِلَى [일라]

남학생은 교실에 있습니다.

اَلطَّالِبُ فِي الْفَصْلِ.
[앗딸-리부 필 파쓸리]

전화기는 침대 위에 있습니다.

اَلْهَاتِفُ عَلَى السَّرِيرِ.
[알하-티푸 알랏 싸리-리]

각 예문을 보면 전치사(문장 중간의 색 표시 부분)와 이어지는 각각의 명사 마지막 모음부호(문장 마지막의 색 표시 부분)는 모두 소유격으로 표기하였습니다. 이 문법은 명사의 개수에 상관없이 문장이 끝날 때까지 모든 명사의 마지막 모음부호를 소유격으로 표기하여야 합니다. 예를 들어 10개, 50개, 100개의 명사가 온다고 할지라도 모든 명사의 마지막은 소유격으로 표기합니다.

〈알리프마크수라 ـى〉

알리프마크수라는 장모음의 일종입니다. 따라서 어떠한 문법규칙(전치사 소유격)을 받지 않으며 발음은 장모음으로 길게 [아-]라고 발음합니다. 그러므로 알리프마크수라 앞자리에 위치한 문자에 [아] 발음을 표기해 줍니다.

그는 카페에 있다.

هُوَ فِي الْمَقْهَى.
[후와 필 마끄하-]

나는 병원 앞에 있다.

أَنَا أَمَامَ الْمُسْتَشْفَى.
[아나 아마-말 무쓰타슈파-]

اَلْمُحَادَثَةُ وَالْعِبَارَاتُ

2-2

❶ اَلْمُحَادَثَةُ وَالْعِبَارَاتُ

A مَا اسْمُكِ؟

B اِسْمِي فَاطِمَةُ. وَأَنْتَ؟ مَا اسْمُكَ؟

A اِسْمِي مُحَمَّدٌ. فُرْصَةٌ سَعِيدَةٌ.

B فُرْصَةٌ سَعِيدَةٌ.

A: 당신(여)의 이름은 무엇입니까?
B: 나의 이름은 파티마입니다. 그리고 당신(남)은요? 당신(남)의 이름은 무엇입니까?
A: 나의 이름은 무함마드입니다. 만나서 반가웠습니다.
B: 만나서 반가웠습니다.

❷ اَلْمُحَادَثَةُ وَالْعِبَارَاتُ

A مَا هَذَا؟

B هَذَا هَاتِفٌ. مَا هَذِهِ؟

A هَذِهِ وَرَقَةٌ. مَاذَا عَلَى الْمَكْتَبِ؟

B اَلْكُومْبِيُوتِر عَلَى الْمَكْتَبِ. مَاذَا تَحْتَ الْمَكْتَبِ؟

A اَلْكُرَةُ تَحْتَ الْمَكْتَبِ.

A: 이것(남)은 무엇입니까?
B: 이것(남)은 전화기입니다. 이것(여)은 무엇입니까?
A: 이것(여)은 종이입니다. 책상 위에는 무엇이 있습니까?
B: 컴퓨터가 책상 위에 있습니다. 책상 아래에는 무엇이 있습니까?
A: 공이 책상 아래에 있습니다.

اَلتَّدْرِيبَاتُ

1 다음 대화에서 한국어로 표기된 문장을 아랍어로 쓰고 말해 보세요.

فَاطِمَةُ	.... 당신(남)의 이름은 무엇입니까?
حَامِدٌ	اِسْمِي حَامِدٌ. .... 그리고 당신(여)은요?
فَاطِمَةُ	اِسْمِي فَاطِمَةُ. .... 이것(여)은 무엇입니까?
حَامِدٌ	هَذِهِ حَقِيبَةٌ.

2 다음 빈칸에 공통으로 들어갈 알맞은 것을 고르세요.

لَيْلَى	مَاذَا عَلَى ....؟
حَامِدٌ	اَلشَّوْكَةُ عَلَى ....

① الْمَائِدَةُ ② الْمَائِدَةَ ③ الْمَائِدَةِ ④ مَائِدَةٌ ⑤ مَائِدَةً

3 다음 대화에서 한국어로 표기된 문장을 아랍어로 쓰세요.

A	أَيْنَ كِتَابُكَ؟
B	.... 나의 책은 가방에 있습니다.

A	أَيْنَ سَيَّارَتُكِ؟
B	.... 나의 자동차는 집 앞에 있습니다.

LESSON 03

출신 당신은 어디에서 왔습니까?

مِنْ أَيْنَ أَنْتَ؟

اَلْمُحَادَثَةُ

3-1

مَرْيَم مِنْ أَيْنَ أَنْتَ؟
[민 아이나 안타?]

مِينْ سُو أَنَا مِنْ كُورِيَا الْجَنُوبِيَّةِ. وَأَنْتِ؟ مِنْ أَيْنَ أَنْتِ؟
[아나 민 쿠-리야 자누-비야티. 와 안티? 민 아이나 안티?]

مَرْيَم أَنَا مِنَ الْأُرْدُنِّ.
[아나 미날 우르둔니]

مِينْ سُو مَا عَمَلُكِ؟
[마 아말루키?]

مَرْيَم أَنَا طَالِبَةٌ فِي الْجَامِعَةِ. مَا عَمَلُكَ؟
[아나 딸-리바툰 필 자-미아티. 마 아말루카?]

مِينْ سُو أَنَا مُدَرِّسٌ فِي الْمَدْرَسَةِ. مَا جِنْسِيَّتُكِ؟
[아나 무다르리쑨 필 마드라싸티. 마 진씨야투키?]

مَرْيَم أَنَا أُرْدُنِّيَّةٌ. وَأَنْتَ؟ مَا جِنْسِيَّتُكَ؟
[아나 우르둔니야툰. 와 안타? 마 진씨야투카?]

مِينْ سُو أَنَا كُورِيٌّ.
[아나 쿠-리윤]

مَرْيَم مَعَ السَّلَامَةِ.
[마앗 쌀라-마티]

مِينْ سُو مَعَ السَّلَامَةِ.
[마앗 쌀라-마티]

اَلْكَلِمَاتُ

مِنْ	[민]	~로부터
أَيْنَ	[아이나]	어디
كُورِيَا الْجَنُوبِيَّةُ	[쿠-리얄 자누-비야투]	한국(남한)
اَلْأُرْدُنُّ	[알우르둔누]	요르단
عَمَلٌ	[아말룬]	일, 직업
طَالِبَةٌ	[딸-리바툰]	여학생
جَامِعَةٌ	[자-미아툰]	대학교
جِنْسِيَّةٌ	[진씨야툰]	국적
مُدَرِّسٌ	[무다르리쑨]	선생님(남)
مَدْرَسَةٌ	[마드라싸툰]	학교

| 해석 |

마르얌: 당신(남)은 어디에서 왔습니까?

민수: 나는 한국(남한)에서 왔습니다.
그리고 당신(여)은요? 당신(여)은 어디에서 왔습니까?

마르얌: 나는 요르단에서 왔습니다.

민수: 당신(여)의 직업은 무엇입니까?

마르얌: 나는 대학생입니다. 당신(남)의 직업은 무엇입니까?

민수: 나는 교사입니다. 당신(여)의 국적은 무엇입니까?

마르얌: 나는 요르단인입니다. 그리고 당신(남)은요? 당신(남)의 국적은 무엇입니까?

민수: 나는 한국인입니다.

마르얌: 안녕히 가세요.

민수: 안녕히 가세요.

팁 아랍에서는 كُورِيَا[쿠-리야] '한국'을 남한과 북한으로 구분하여 표현합니다. 북한이 먼저 아랍국가들과 외교적 관계를 형성했기 때문입니다. 이러한 이유 때문에 현재까지 일부 아랍국가들에서는 북한 대사관, 북한 식당, 주재원, 근로자들이 있습니다.

'남한'은 كُورِيَا[쿠-리야] '한국'에 جَنُوبِيَّةٌ[자누-비야툰] '남쪽'을 붙여 كُورِيَا الْجَنُوبِيَّةُ[쿠-리얄 자누-비야투]라고 말하며, '북한'은 كُورِيَا[쿠-리야]에 شَمَالِيَّةٌ[샤말-리야툰] '북쪽'을 붙여 كُورِيَا الشَّمَالِيَّةُ[쿠-리얏 샤말-리야투]라고 말합니다.
또한 아랍어에서 거의 모든 국가명은 ة (타마르부타)가 없어도 여성 취급합니다.

اَلْقَوَاعِدُ وَالتَّعَابِيرُ

1 출신을 물어보는 표현

〈مِنْ + 국가명/인칭/지명: ~에서 왔습니까?〉

مِنْ[민]은 영어의 'from', أَيْنَ[아이나]는 영어의 'where'에 해당합니다. 여기서 مِنْ أَيْنَ를 패턴 표현처럼 사용하고 독립인칭대명사만 바꿔 가면서 말하는 연습을 하길 바랍니다. 또한 영어에서 "Where are you from?" – "I'm from ~."처럼 질문과 답변에 'from'을 공통적으로 사용하여 표현하는 것과 같이 아랍어에서도 영어의 'from'에 해당하는 مِنْ[민]을 질문과 답변에 공통적으로 사용합니다.

그는 어디에서 왔습니까?
مِنْ أَيْنَ هُوَ؟
[민 아이나 후와?]

그는 요르단에서 왔습니다.
هُوَ مِنَ الْأُرْدُنِّ.
[후와 미날 우르둔니]

당신(여)은 어디에서 왔습니까?
مِنْ أَيْنَ أَنْتِ؟
[민 아이나 안티?]

나는 한국(남한)에서 왔습니다.
أَنَا مِنْ كُورِيَا الْجَنُوبِيَّةِ.
[아나 민 쿠-리얄 자누-비야티]

▤ 첫 번째 예문에서 مِنْ[민] 수쿤이 사라지면서 수쿤이 있는 자리에 목적격인 مِنَ[미날] 발음이 생겼습니다. 아랍어에는 보조모음이 있습니다. مِنْ[민]처럼 수쿤이 표기되어 있는 표현에 정관사가 이어진다면 발음의 유연성 때문에 보조모음을 사용합니다. 보조모음을 쓰는 이유는 수쿤에 발음이 없어 그다음에 이어지는 문자와 연결할 수 없기 때문입니다. 보조모음은 수쿤 앞자리에 있는 모음부호의 위치와 서로 상반되게 표기하여 발음합니다.

2 국적을 물어보는 표현

한국어로 '국가/국적'이라는 표현은 비슷하게 들리지만 영어나 아랍어에서는 다르게 표현합니다. '국적'은 영어의 'Nationality'에 해당하며 외국인이 "What is your Nationality?" 라고 물어 보았을 때 답변은 "I'm from Korea."가 아닌 "I'm Korean."으로 대답하듯이 아랍어에서도 국적을 물어본다면 مِنْ [민]을 사용하는 것이 아니라 '한국인'이라고 표현하는 것이 맞습니다.

당신(남)의 국적은 무엇입니까?

مَا جِنْسِيَّتُكَ؟

[마 진씨야투카?]

나는 한국인(남/여)입니다.

أَنَا كُورِيٌّ/كُورِيَّةٌ.

[아나 쿠-리윤 / 쿠-리야툰]

당신(여)의 국적은 무엇입니까?

مَا جِنْسِيَّتُكِ؟

[마 진씨야투키?]

나는 이집트인(남/여)입니다.

أَنَا مِصْرِيٌّ/مِصْرِيَّةٌ.

[아나 미쓰리윤 / 미쓰리야툰]

위의 예문을 보면 جِنْسِيَّةٌ [진씨야툰]에 상대방의 성과 인칭에 맞추어 접미인칭대명사를 사용했습니다. 그런데 명사에서는 보이던 타마르부타가 예문에서는 보이지 않습니다. 이유로는 타마르부타가 있는 여성명사에 접미인칭대명사를 사용하면 타마르부타가 알파벳 ت 형태로 변화한 후에 접미인칭대명사를 사용하기 때문입니다. 이렇게 변화가 일어나는 이유는 타마르부타는 알파벳이 아니므로 어두형/어중형/어말형 형태가 존재하지 않아 연결형으로 사용할 수 없기 때문입니다.

접미인칭대명사는 명사의 성에 맞추어 사용하는 것이 아니라 회화상 상대방의 인칭과 성에 맞추어 사용한다는 것을 명심하길 바랍니다.

3 관계형용사 ـِيٌّ/ـِيَّةٌ

관계형용사는 국가명이나 지명에서 파생시켜 형용사로 사용합니다. 남녀가 구분되어 있으며 남성은 ـِيٌّ[이윤], 여성은 ـِيَّةٌ[이야툰]을 명사에 접미시켜 사용합니다. 영어에서는 국가명으로 국적을 표기할 때 'Korean/Japanese'처럼 'n/ese'를 붙여 나타내는 형태인데 영어는 국가명마다 형태가 조금 다르지만 아랍어는 공식처럼 고정되어 사용합니다.

여성 ـِيَّةٌ	남성 ـِيٌّ	원형
أُرْدُنِّيَّةٌ [우르둔니야툰]	أُرْدُنِّيٌّ [우르둔니윤]	اَلْأُرْدُنُّ [알우르둔누]
요르단 여자	요르단 남자	요르단

اَلْأُرْدُنُّ[알우르둔누] '요르단'과 같이 특별한 이유 없이 국가명에 정관사가 포함된 경우가 있지만, 관계형용사로 변형할 때는 정관사를 제외하고 사용합니다.

여성 ـِيَّةٌ	남성 ـِيٌّ	원형
كُورِيَّةٌ [쿠-리야툰]	كُورِيٌّ [쿠-리윤]	كُورِيَا [쿠-리야]
한국 여자	한국 남자	한국

كُورِيَا[쿠-리야] '한국'이라는 국가명 맨 마지막에 ا 장모음이 있습니다. 여기에 관계형용사를 접미시킬 때는 장모음을 제외하고 남성은 ـِيٌّ[이윤], 여성은 ـِيَّةٌ[이야툰]을 접미시켜 사용합니다.

4 직업을 물어보는 표현

직업을 물어볼 때는 عَمَلٌ [아말룬] '일/직업' + كَ [카] '2인칭 접미인칭대명사(남)'을 접미시켜 사용합니다. 이처럼 접미인칭대명사는 모든 명사에 접미시켜 사용 가능하고 나중에 배울 동사에도 접미시켜 사용할 수 있습니다.

그리고 접미인칭대명사는 명사의 성에 상관없이 서로 상반되어 사용하는 것도 가능합니다. 예를 들어 عَمَلُكِ 와 같은 형태는 남성형인 عَمَلُ [아말루] + كِ [키]처럼 서로 성이 달라 같이 사용할 수 없을 것처럼 보이지만 틀린 문법이 아닙니다. 접미인칭대명사는 해당 문장이나 명사의 성/인칭에 맞추어 사용하는 것이 아니라 상대방의 성/인칭에 맞추어 사용하기 때문입니다. 1인칭만 제외하고 3인칭과 2인칭 모두 상대방의 성/인칭에 맞추어 사용한다는 사실을 명심하길 바랍니다.

그녀의 직업은 무엇입니까?	مَا عَمَلُهَا؟ [마 아말루하?]
그녀는 교수입니다.	هِيَ أُسْتَاذَةٌ. [히야 우쓰타-다툰]
당신(여)의 직업은 무엇입니까?	مَا عَمَلُكِ؟ [마 아말루키?]
나는 의사입니다.	أَنَا طَبِيبَةٌ. [아나 따비-바툰]

아랍국가명들(أَسْمَاءُ الدُّوَلِ الْعَرَبِيَّةِ) 3-2

아랍어	국가명	아랍어	국가명
عُمَانُ [우만]	오만	اَلْأُرْدُنُّ [알우르둔]	요르단
اَلْيَمَنُ [알야만]	예멘	فِلَسْطِينُ [필라쓰띤]	팔레스타인
اَلْبَحْرَيْنُ [알바흐레인]	바레인	لُبْنَانُ [루브난]	레바논
مِصْرُ [미쓰르]	이집트	قَطَرُ [까따르]	카타르
اَلْمَغْرِبُ [알마그립]	모로코	اَلْكُوَيْتُ [알쿠와이트]	쿠웨이트
تُونِسُ [투-니쓰]	튀니지	اَلْعِرَاقُ [알이라-끄]	이라크
اَلْجَزَائِرُ [알자자-이르]	알제리	سُورِيَا [수-리야]	시리아
اَلْمَمْلَكَةُ الْعَرَبِيَّةُ السَّعُودِيَّةُ [알맘라카 아라비야 쑤우-디야]			사우디아라비아
اَلْإِمَارَاتُ الْعَرَبِيَّةُ الْمُتَّحِدَةُ [알이마-라-트 아라비야 뭇타히다]			아랍에미리트

아랍인들은 조금이라도 유연하게 발음하기 위해 모음부호를 정확하게 발음하지 않는 경우도 있습니다. 마지막 발음은 약하게 또는 발음하지 않기도(예 타마르부타) 합니다. 여기에 적혀 있는 한국어 발음들은 아랍인들의 실제 발음으로 적어 두었기에 모음부호 발음과 다를 수 있지만 오타는 아니니 참고하길 바랍니다.

اَلْمُحَادَثَةُ وَالْعِبَارَاتُ

3-3

1 اَلْمُحَادَثَةُ وَالْعِبَارَاتُ

A مِنْ أَيْنَ أَنْتَ؟

B أَنَا مِنْ كُورِيَا الْجَنُوبِيَّةِ. وَأَنْتِ؟ مِنْ أَيْنَ أَنْتِ؟

A أَنَا مِنْ تُونِسَ. مَا عَمَلُكَ؟

B أَنَا طَالِبٌ فِي الْجَامِعَةِ.

A: 당신(남)은 어디에서 왔습니까?
B: 나는 한국에서 왔습니다. 그리고 당신(여)은요? 당신(여)은 어디에서 왔습니까?
A: 나는 튀니지에서 왔습니다. 당신(남)의 직업은 무엇입니까?
B: 나는 대학생입니다.

2 اَلْمُحَادَثَةُ وَالْعِبَارَاتُ

A مَا جِنْسِيَّتُكِ؟

B أَنَا كُورِيَّةٌ. وَأَنْتَ؟ مَا جِنْسِيَّتُكَ؟

A أَنَا مَغْرِبِيٌّ. مَا عَمَلُكِ؟

B أَنَا مُوَظَّفَةٌ فِي الشَّرِكَةِ.

A: 당신(여)의 국적은 무엇입니까?
B: 나는 한국인입니다. 그리고 당신(남)은요? 당신(남)의 국적은 무엇입니까?
A: 나는 모로코인입니다. 당신(여)의 직업은 무엇입니까?
B: 저는 회사의 직원(회사원)입니다.

직원	مُوَظَّفَةٌ [무왓자파툰]	
회사	شَرِكَةٌ [샤리카툰]	

اَلتَّدْرِيبَاتُ

1 다음 대화에서 한국어로 표기된 문장을 아랍어로 쓰고 말해 보세요.

سُومِي ....
당신(남)은 어디에서 왔습니까?

مَحْمُودٌ أَنَا مِنَ الْعِرَاقِ. ....
당신(여)은 어디에서 왔습니까?

سُومِي أَنَا مِنْ كُورِيَا الْجَنُوبِيَّةِ.

2 다음 국가명을 남성과 여성으로 구분하여 관계형용사로 만들어 보세요.

여성	남성	국가명
		اَلْعِرَاقُ
		سُورِيَا
		مِصْرُ
		اَلْمَغْرِبُ
		اَلْإِمَارَاتُ

③ 다음 대화에서 한국어로 표기된 문장을 아랍어로 쓰세요.

A	مَا عَمَلُكَ؟
B	-- 나는 대학생입니다.

A	مَا عَمَلُكِ؟
B	-- 나는 회사원입니다.

가족 관계 그는 당신의 아버지입니까?

هَلْ هُوَ أَبُوكَ؟

اَلْمُحَادَثَةُ

4-1

جُون سُو مَرْحَبًا.
[마르하반]

خَالِدٌ مَرْحَبًا.
[마르하반]

جُون سُو هَلْ هُوَ أَبُوكَ؟
[할 후와 아부-카?]

خَالِدٌ نَعَمْ، هُوَ أَبِي.
[나암, 후와 아비]

جُون سُو هَلْ هِيَ أُمُّكَ؟
[할 히야 움무카?]

خَالِدٌ نَعَمْ، هِيَ أُمِّي.
[나암, 히야 움미]

جُون سُو هَلْ هُوَ أَخُوكَ؟ وَهَلْ هُوَ طَالِبٌ؟
[할 후와 아쿠-카? 와 할 후와 딸-리분?]

خَالِدٌ نَعَمْ، هُوَ أَخِي لَكِنَّهُ لَيْسَ طَالِبًا.
[나암, 후와 아키 라킨나후 라이싸 딸-리반]

جُون سُو هَلْ هِيَ أُخْتُكَ؟ وَهَلْ هِيَ مُمَرِّضَةٌ؟
[할 히야 우크투카? 와 할 히야 무마르리돠툰?]

خَالِدٌ نَعَمْ، هِيَ أُخْتِي وَمُمَرِّضَةٌ فِي الْمُسْتَشْفَى.
[나암, 히야 우크티 와 무마르리돠툰 필 무쓰타슈파]

اَلْكَلِمَاتُ

هَلْ [할]	~입니까?
أَبٌ / أَبِي [아분/아비]	아버지 / 나의 아버지
أُمٌّ / أُمِّي [움문/움미]	어머니 / 나의 어머니
أَخٌ / أَخِي [아쿤/아키]	남자형제 / 나의 남자 형제
طَالِبٌ [딸-리분]	남학생
لَكِنَّهُ [라킨나후]	하지만 그는
لَيْسَ [라이싸]	명사문 부정
أُخْتٌ / أُخْتِي [우크툰/우크티]	여자형제 / 나의 여자 형제
مُمَرِّضَةٌ [무마르리돠툰]	간호사
مُسْتَشْفًى [무쓰타슈판]	병원

| 해석 |

준수: 안녕하세요.

칼리드: 안녕하세요.

준수: 그는 당신(남)의 아버지입니까?

칼리드: 네, 그는 나의 아버지입니다.

준수: 그녀는 당신(남)의 어머니입니까?

칼리드: 네, 그녀는 나의 어머니입니다.

준수: 그는 당신(남)의 남자형제입니까? 그리고 그는 학생입니까?

칼리드: 네, 그는 나의 남자형제이지만 학생은 아닙니다.

준수: 그녀는 당신(남)의 여자형제입니까? 그리고 그녀는 간호사입니까?

칼리드: 네, 그녀는 나의 여자형제이고 병원의 간호사입니다.

اَلْقَوَاعِدُ وَالتَّعَابِيرُ

1 هَلْ + 명사문/동사문: ~입니까?

의문사 هَلْ[할]은 명사문이나 동사문의 평서문을 의문문으로 만들 때 사용합니다. 의문사 هَلْ[할]을 사용하면 답변 첫 머리에 نَعَمْ[나암] '네', لَا[라] '아니오' 중에 하나를 사용한 후 문장을 시작해야 합니다.

당신(남)은 학생입니까?	هَلْ أَنْتَ طَالِبٌ؟ [할 안타 딸-리분?]
네, 나는 학생입니다.	نَعَمْ، أَنَا طَالِبٌ. [나암, 아나 딸-리분]
그는 교수입니까?	هَلْ هُوَ أُسْتَاذٌ؟ [할 후와 우쓰타-둔?]
아니요, 그는 이 회사의 기술자입니다.	لَا، هُوَ مُهَنْدِسٌ فِي الشَّرِكَةِ. [라, 후와 무한디쑨 핏 샤리카티]

2 أَبٌ 과 أَخٌ + 접미인칭대명사

아랍어 가족명 중 أَبٌ[아분] '아버지'와 أَخٌ[아쿤] '남자형제'에 접미인칭대명사를 접미했을 때 격(주격, 목적격, 소유격)에 맞는 장모음이 생깁니다. 명사에 접미인칭대명사를 접미했을 때 원래는 장모음이 생기지 않지만 '아버지'와 '형제'만 장모음을 같이 표기해 줍니다.

소유격	목적격	주격	어휘
أَبِيكَ [아비-카]	أَبَاكَ [아바-카]	أَبُوكَ [아부-카]	أَبٌ [아분]
أَخِيكَ [아키-카]	أَخَاكَ [아카-카]	أَخُوكَ [아쿠-카]	أَخٌ [아쿤]

당신의 아버지는 어디에 있습니까? (×)

أَيْنَ أَبُكَ؟
[아이나 아부카?]

당신의 아버지는 어디에 있습니까? (○)

أَيْنَ أَبُوكَ؟
[아이나 아부-카?]

3 불규칙 여성명사

ة (타마르부타)를 명사에 사용하면 여성형으로 취급한다고 앞에서 학습했습니다. 하지만 ة (타마르부타)가 없어도 여성형으로 취급하는 불규칙 명사들이 있습니다. 아래 표에 정리한 명사 외에도 많이 있지만 초급 과정에서 알아야 하는 명사들만 정리했으니 참고하여 암기하길 바랍니다.

신부	태양	소녀, 딸	어머니	시장
عَرُوسٌ [아루-쑨]	شَمْسٌ [샴쑨]	بِنْتٌ [빈툰]	أُمٌّ [움문]	سُوقٌ [쑤-꾼]

4 명사문 부정

아랍어는 명사문에서 부정을 표현할 때 لَيْسَ [라이싸]를 사용합니다. 아랍어는 1인칭을 제외하고 항상 남녀가 구분되어 있다는 점을 반드시 명심해야 하며, 표 하단의 [동사원형 – 트 – 타 – 티 – 투] 공식을 반드시 암기해야 합니다. 이는 인칭을 의미하며, 1인칭을 제외하고 모두 상대방의 성과 인칭에 맞게 사용합니다.

1인칭(공통)	2인칭(여성)	2인칭(남성)	3인칭(여성)	3인칭(남성)
لَسْتُ [라쓰투]	لَسْتِ [라쓰티]	لَسْتَ [라쓰타]	لَيْسَتْ [라이싸트]	لَيْسَ [라이싸]
투(수쿤)	티(수쿤)	타(수쿤)	트	동사원형

1인칭(공통) لَسْتُ [라쓰투]를 영어와 비교해 보겠습니다. لَسْتُ 는 영어의 'I am not'을 표기한 것입니다. 아랍어 명사문에서는 영어처럼 be동사가 없으니 'I not'을 표기한 것으로 보면 되는데, لَسْ [라쓰] 'not' + تُ [투] 'I' = لَسْتُ [라쓰투] 'I not'의 구조라고 생각하면 됩니다.

그는 선생님(남)이다.

هُوَ مُدَرِّسٌ.
[후와 무다르리쑨]

그는 선생님(남)이 아니다.

هُوَ لَيْسَ مُدَرِّسًا.
[후와 라이싸 무다르리싼]

나는 한국인(여)이다.

أَنَا كُورِيَّةٌ.
[아나 쿠-리야툰]

나는 한국인(여)이 아니다.

لَسْتُ كُورِيَّةً.
[라쓰투 쿠-리야탄]

لَيْسَ[라이싸] 명사문 부정을 사용할 때는 주어의 인칭과 성에 맞추어 사용합니다. 첫 번째 예문에서는 3인칭 남성인 لَيْسَ[라이싸] 원형을 사용하였는데, 이는 주어에 3인칭 독립인칭대명사인 هُوَ[후와]가 있기 때문입니다. 주어가 3인칭 남성이므로 لَيْسَ[라이싸] 3인칭 남성(원형)을 사용하였습니다.

두 번째 예문에서는 화자가 자기 자신을 지칭하고 있기 때문에 1인칭인 لَسْتُ[라쓰투]를 사용했습니다. لَيْسَ[라이싸] 명사문 부정을 자유자재로 사용하기 위해서는 반드시 [동사 원형 – 트 – 타 – 티 – 투] 를 숙지해야 합니다.

لَيْسَ[라이싸] 명사문 부정을 사용한 예문을 보면 공통점이 있습니다. 바로 문장 마지막에 모두 비한정 목적격을 표기한 것입니다. لَيْسَ[라이싸]를 사용하면 이어지는 명사 또는 형용사의 인칭이나 성 구분에 상관없이 마지막 모음부호를 항상 비한정 목적격으로 표기해야 합니다.

لَيْسَ[라이싸] 명사문 부정은 인칭 파악과 비한정 목적격 표기 문법, 이 두 가지만 숙지하여 문장 속에서 꼼꼼히 따져보며 학습하길 바랍니다.

اَلْمُحَادَثَةُ وَالْعِبَارَاتُ

4-2

1 اَلْمُحَادَثَةُ وَالْعِبَارَاتُ

A هَلْ هُوَ أَبُوكَ؟

B نَعَمْ، هُوَ أَبِي.

A هَلْ هِيَ أُخْتُكَ؟

B لَا، هِيَ أُمِّي.

A: 그는 당신(남)의 아버지입니까?
B: 네, 그는 나의 아버지입니다.
A: 그녀는 당신(남)의 여자형제입니까?
B: 아니요, 그녀는 나의 어머니입니다.

2 اَلْمُحَادَثَةُ وَالْعِبَارَاتُ

A هَلْ هِيَ كَاتِبَةٌ؟

B لَا، هِيَ لَيْسَتْ كَاتِبَةً.

A هَلْ أَنْتِ طَبِيبَةٌ؟

B لَا، لَسْتُ طَبِيبَةً.

A: 그녀는 작가입니까?
B: 아니요, 그녀는 작가가 아닙니다.
A: 당신(여)은 의사입니까?
B: 아니요, 나는 의사가 아닙니다.

اَلتَّدْرِيبَاتُ

1 다음 대화에서 한국어로 표기된 문장을 아랍어로 쓰고 말해 보세요.

A ....
당신(남)의 아버지는 교수입니까?

B نَعَمْ، هُوَ أُسْتَاذٌ.

A هَلْ أُمُّكِ طَبِيبَةٌ؟

B ....
아니요, 그녀는 간호사입니다.

2 다음 빈칸에 들어갈 알맞은 것을 고르세요.

A .... أَنْتَ طَالِبٌ؟

B لَا، أَنَا أُسْتَاذٌ.

① هَلْ　② مَا　③ مَاذَا　④ كَيْفَ　⑤ مَنْ

3 다음 대화에서 한국어로 표기된 문장을 아랍어로 쓰세요.

A هَلْ هُوَ مُدَرِّسٌ؟

B ....
아니요, 그는 선생님이 아닙니다.

A هَلْ أَنْتَ مُهَنْدِسٌ؟

B ....
아니요, 나는 기술자가 아닙니다.

LESSON 05

일정 당신은 어제 어디에 있었습니까?

أَيْنَ كُنْتَ أَمْسِ؟

اَلْمُحَادَثَةُ

5-1

لَيْلَى أَيْنَ كُنْتَ أَمْسِ؟
[아이나 쿤타 암씨?]

مِينْ سُو كُنْتُ فِي الْحَدِيقَةِ مَعَ صَدِيقِي أَمْسِ.
[쿤투 필 하디-까티 마아 싸디-끼 암씨]

لَيْلَى لِمَاذَا كُنْتَ فِي الْحَدِيقَةِ أَمْسِ؟
[리마-다 쿤타 필 하디-까티 암씨?]

مِينْ سُو لِأَنَّ، كَانَ الْجَوُّ مُشْمِسًا أَمْسِ.
[리안나, 카-날 자우 무슈미싼 암씨]

لَيْلَى كَيْفَ الْجَوُّ الْيَوْمَ؟
[케이팔 자울 야우마?]

مِينْ سُو اَلْجَوُّ دَافِئٌ وَلَطِيفٌ الْيَوْمَ وَالْجَوُّ مُنَاسِبٌ لِلنُّزْهَةِ جِدًّا .
[알자우 다-피운 와 라띠-풀 야우마 왈 자우 무나-씨분 릿누즈하티 짓단]

لَيْلَى أَنَا مُوَافِقَةٌ. كَيْفَ سَيَكُونُ الْجَوُّ غَدًا؟
[아나 무와-피까툰. 케이파 싸야쿠-눌 자우 가단?]

مِينْ سُو سَيَكُونُ الْجَوُّ مُمْطِرًا وَ غَائِمًا.
[싸야쿠-눌 자우 뭄띠란 와 가-이만]

لَيْلَى شُكْرًا جَزِيلًا.
[슈크란 자질-란]

مِينْ سُو عَفْوًا.
[아프완]

اَلْكَلِمَاتُ

حَدِيقَةٌ [하디-까툰]	공원, 정원
مَعَ [마아]	함께 (전치사)
صَدِيقِي [싸디-끼-]	나의 친구
لِمَاذَا [리마-다]	왜
لِأَنَّ [리안나]	왜냐하면
جَوٌّ [자운]	날씨
مُنَاسِبٌ [무나-씨분]	알맞은, 적합한
نُزْهَةٌ [누즈하툰]	소풍, 피크닉
جِدًّا [짓단]	매우
سَيَكُونُ [싸야쿠-누]	~일 것이다

| 해석 |

라일라: 당신(남)은 어제 어디에 있었습니까?

민수: 나는 어제 나의 친구와 함께 공원에 있었습니다.

라일라: 당신(남)은 어제 왜 공원에 있었습니까?

민수: 왜냐하면, 어제 날씨는 해가 났었습니다.

라일라: 오늘 날씨는 어떠합니까?

민수: 오늘 날씨는 따뜻하고 청명합니다 그리고 날씨가 소풍에 매우 알맞습니다.

라일라: 저도 동의합니다. 내일 날씨는 어떠합니까?

민수: 내일 날씨는 비가 오고 흐릴 것입니다.

라일라: 대단히 감사합니다.

민수: 천만에요.

اَلْقَوَاعِدُ وَالتَّعَابِيرُ

1 시제보조동사 كَانَ

동사 كَانَ[카-나]는 명사문의 시제를 과거형, 현재형, 미래형으로 만들 때 사용합니다. 인칭 변환은 이전에 배운 명사문 부정 لَيْسَ[라이싸]와 동일하며 술어가 되는 명사 또는 형용사는 비한정 목적격으로 표기해야 합니다.

1인칭(공통)	2인칭(여성)	2인칭(남성)	3인칭(여성)	3인칭(남성)
كُنْتُ [쿤투]	كُنْتِ [쿤티]	كُنْتَ [쿤타]	كَانَتْ [카-나트]	كَانَ [카-나]

나는 바쁘다. أَنَا مَشْغُولٌ.
[아나 마슈굴-룬]

나는 바빴다. كُنْتُ مَشْغُولًا.
[쿤투 마슈굴-란]

그는 사무실에 있다. هُوَ فِي الْمَكْتَبِ.
[후와 필 마크타비]

그는 사무실에 있었다. كَانَ هُوَ فِي الْمَكْتَبِ.
[카-나 후와 필 마크타비]

첫 번째 예문 أَنَا مَشْغُولٌ.[아나 마슈굴-룬]은 영어의 “I'm busy.”를 표기한 것이며 현재형이기 때문에 술어는 비한정 주격으로 표기합니다. كُنْتُ مَشْغُولًا.[쿤투 마슈굴-란]은 영어의 “I was busy.”를 표기한 것이며 كُنْتُ[쿤투]를 사용했기 때문에 마지막 술어에는 비한정 목적격을 표기하였습니다.

두 번째 예문에는 3인칭 남성인 كَانَ[카-나]를 사용하였습니다. 이는 주어가 3인칭 남성인 هُوَ[후와]를 사용하였기 때문에 인칭과 성에 맞추어 사용한 것입니다. 그리고 이 문장에서 주어와 이어지는 فِي[피-]는 전치사이기 때문에 비한정 목적격 표기는 하지 않습니다.

2 لِمَاذَا : 왜

لِمَاذَا[리마-다]는 영어의 'why'에 해당하며 이에 대한 답변은 영어의 'because'에 해당하는 لِأَنَّ[리안나]를 사용합니다.

3 مُنَاسِبٌ لِ : ~에 적합한, 어울리는

مُنَاسِبٌ[무나-씨분]은 '적합한'이라는 표현이며, 무엇에 대해 적합한 대상을 표기하기 위해 전치사 لِ[리]를 항상 동반하여 사용해야 합니다. 여기서 لِ[리]는 영어의 'for'에 해당합니다. 다만 접미인칭대명사를 같이 사용하면 발음의 유연성 때문에 لِ[리]가 아닌 لَ[라]로 표기합니다.

이 가방은 당신(여)에게 잘 어울립니다.	هَذِهِ الْحَقِيبَةُ مُنَاسِبَةٌ لَكِ. [하디힐 하끼-바투 무나-씨바툰 라키]
이 책은 공부하기에 적합합니다.	هَذَا الْكِتَابُ مُنَاسِبٌ لِلدِّرَاسَةِ. [하달 키타-부 무나-씨분 릿디라-싸티]

4 찬성/동의 표현

상대방의 질문에 대한 찬성/동의는 아래와 같이 표현할 수 있습니다.

의미	찬성/동의 표현
좋은 생각이야.	فِكْرَةٌ جَمِيلَةٌ. [피크라툰 자밀-라툰]
나는 동의한다.	أَنَا مُوَافِقٌ. [아나 무와-피꾼]
나는 당신(남)과 함께 한다.	أَنَا مَعَكَ. [아나 마아카]
기꺼이.	بِكُلِّ سُرُورٍ. [비쿨리 쑤루-린]
좋습니다, 좋아요.	طَيِّبٌ / حَسَنًا. [따이분,하싸난]

5 날씨 및 시제 표현

〈날씨 동의어〉

기후	날씨	날씨
مُنَاخٌ [무나-쿤]	طَقْسٌ [따끄순]	جَوٌّ [자운]

〈날씨 표현〉

눈이 오는	흐린	비가 오는	따뜻한	해가 난
مُثْلِجٌ [무쓸리준]	غَائِمٌ [가-이문]	مُمْطِرٌ [뭄띠룬]	دَافِئٌ [다-피운]	مُشْمِسٌ [무슈미쑨]
추운	더운	온화한	맑은	청명한
بَارِدٌ [바-리둔]	حَارٌّ [하-룬]	مُعْتَدِلٌ [무으타딜룬]	صَافٍ [싸-펀]	لَطِيفٌ [라띠-푼]

〈시제 표현〉

모레	내일	지금	오늘	어제
بَعْدَ غَدٍ [바으다 가딘]	غَدًا [가단]	اَلْآنَ [알아-나]	اَلْيَوْمُ [알야우무]	أَمْسِ [암씨]
잠시 후에	조금 전에	오늘 저녁	오늘 아침	그저께
بَعْدَ قَلِيلٍ [바으다 깔릴-린]	قَبْلَ قَلِيلٍ [까블라 깔릴-린]	مَسَاءَ الْيَوْمِ [마싸-알 야우미]	صَبَاحَ الْيَوْمِ [싸바-할 야우미]	قَبْلَ أَمْسِ [까블라 암씨]

اَلْمُحَادَثَةُ وَالْعِبَارَاتُ

5-2

① اَلْمُحَادَثَةُ وَالْعِبَارَاتُ

A أَيْنَ كُنْتَ أَمْسِ؟

B كُنْتُ فِي الْبَيْتِ أَمْسِ.

A: 당신(남)은 어제 어디에 있었습니까?
B: 나는 어제 집에 있었습니다.

A أَيْنَ أَنْتِ الْآنَ؟

B أَنَا فِي وَسَطِ الْمَدِينَةِ الْآنَ.

A: 당신(여)은 지금 어디에 있습니까?
B: 나는 지금 시내에 있습니다.

② اَلْمُحَادَثَةُ وَالْعِبَارَاتُ

A كَيْفَ الطَّقْسُ الْيَوْمَ؟

B اَلطَّقْسُ مُشْمِسٌ وَدَافِئٌ الْيَوْمَ.

A: 오늘 날씨는 어떠합니까?
B: 오늘 날씨는 해가 나고 따뜻합니다.

A كَيْفَ سَيَكُونُ الْجَوُّ غَدًا؟

B سَيَكُونُ الْجَوُّ غَائِمًا وَمُثْلِجًا.

A: 내일 날씨는 어떠합니까?
B: 내일 날씨는 흐리고 눈이 올 것입니다.

سَيَكُونُ[싸야쿠-누]는 3인칭 남성 과거시제 كَانَ[카-나]의 미래형입니다. 불규칙적으로 변화하지만 주어의 인칭과 성에 맞게 사용하고 술어의 마지막 모음부호에 비한정 목적격 표기 문법은 그대로 적용되어 사용합니다.

اَلتَّدْرِيبَاتُ

1 다음 대화에서 한국어로 표기된 문장을 아랍어로 쓰고 말해 보세요.

A ______________________
당신(남)은 어제 어디에 있었습니까?

B كُنْتُ فِي الْبَيْتِ أَمْسِ.

A ______________________
오늘 날씨는 어떠합니까?

B اَلْجَوُّ مُمْطِرٌ وَغَائِمٌ الْيَوْمَ.

2 다음 빈칸에 들어갈 알맞은 것을 고르세요.

A كَيْفَ كَانَ الْجَوُّ أَمْسِ؟

B كَانَ الْجَوُّ ________ أَمْسِ.

① مُشْمِسٌ ② مُشْمِسًا ③ مُشْمِسٍ ④ الْمُشْمِسُ ⑤ الْمُشْمِسَ

3 다음 대화에서 한국어로 표기된 문장을 아랍어로 쓰세요.

A هَذَا الْكِتَابُ مُنَاسِبٌ لِلدِّرَاسَةِ جِدًّا.

B ______________________
나는 동의합니다.

A كَيْفَ سَيَكُونُ الْجَوُّ غَدًا؟

B ______________________
내일 날씨는 추울 것입니다.

LESSON **06**

행동 당신은 지금 무엇을 합니까?

مَاذَا تَفْعَلُ الْآنَ؟

اَلْمُحَادَثَةُ

6-1

هَالَة مَاذَا تَفْعَلُ الْآنَ؟
[마-다 타프알룰 아-나?]

يُون سُو أَدْرُسُ اللُّغَةَ الْعَرَبِيَّةَ الْآنَ.
[아드루쑷 루가탈 아라비야탈 아-나]

هَالَة أَيْنَ دَرَسْتَ اللُّغَةَ الْعَرَبِيَّةَ؟
[아이나 다라쓰탓 루가탈 아라비야타?]

يُون سُو دَرَسْتُهَا فِي الْجَامِعَةِ الْأُرْدُنِّيَّةِ.
[다라쓰투하 필 자-미아틸 우르둔니야티]

هَالَة لِمَاذَا دَرَسْتَ اللُّغَةَ الْعَرَبِيَّةَ؟
[리마-다 다라쓰탓 루가탈 아라비야타?]

يُون سُو لِأَنَّنِي، سَأَعْمَلُ فِي الْأُرْدُنِّ.
[리안나니, 싸아으말루 필 우르둔니]

هَالَة بِالتَّوْفِيقِ.
[빗타으피-끼]

يُون سُو مَاذَا سَتَفْعَلِينَ غَدًا؟
[마-다 싸타프알리-나 가단?]

هَالَة سَأَدْرُسُ اللُّغَةَ الْكُورِيَّةَ غَدًا. إِنْ شَاءَ اللهُ.
[싸아드루쑷 루가탈 쿠-리야타 가단. 인샤-알라]

اَلْكَلِمَاتُ

اَللُّغَةُ الْعَرَبِيَّةُ	[앗루가툴 아라비야투]	아랍어
أَيْنَ	[아이나]	어디
اَلْجَامِعَةُ الْأُرْدُنِّيَّةُ	[알자-미아툴 우르둔니야투]	요르단 대학교
اَلْأُرْدُنُّ	[알우르둔누]	요르단
بِالتَّوْفِيقِ	[빗타으피-끼]	행운을 빕니다
اَللُّغَةُ الْكُورِيَّةُ	[앗루가툴 쿠-리야투]	한국어

| 해석 |

할라: 당신(남)은 지금 무엇을 합니까?
윤수: 나는 지금 아랍어를 공부합니다.
할라: 당신(남)은 어디서 아랍어를 공부했습니까?
윤수: 나는 요르단 대학교에서 아랍어를 공부했습니다.
할라: 당신(남)은 왜 아랍어를 공부했습니까?
윤수: 왜냐하면, 나는 요르단에서 일할 겁니다.
할라: 행운을 빕니다.
윤수: 당신(여)은 내일 무엇을 하실 겁니까?
할라: 나는 내일 한국어를 공부할 겁니다. 하느님이 원하신다면.

6-2

| 공부하다 | دَرَسَ (u)

1인칭(복수)	1인칭(공통)	2인칭(여성)	2인칭(남성)	3인칭(여성)	3인칭(남성)	구분
دَرَسْنَا [다라쓰나]	دَرَسْتُ [다라쓰투]	دَرَسْتِ [다라쓰티]	دَرَسْتَ [다라쓰타]	دَرَسَتْ [다라싸트]	دَرَسَ [다라싸]	완료
نَدْرُسُ [나드루쑤]	أَدْرُسُ [아드루쑤]	تَدْرُسِينَ [타드루씨-나]	تَدْرُسُ [타드루쑤]	تَدْرُسُ [타드루쑤]	يَدْرُسُ [야드루쑤]	미완료

| 일하다 | عَمِلَ (a)

1인칭(복수)	1인칭(공통)	2인칭(여성)	2인칭(남성)	3인칭(여성)	3인칭(남성)	구분
عَمِلْنَا [아밀나]	عَمِلْتُ [아밀투]	عَمِلْتِ [아밀티]	عَمِلْتَ [아밀타]	عَمِلَتْ [아밀라트]	عَمِلَ [아밀라]	완료
نَعْمَلُ [나으말루]	أَعْمَلُ [아으말루]	تَعْمَلِينَ [타으말리-나]	تَعْمَلُ [타으말루]	تَعْمَلُ [타으말루]	يَعْمَلُ [야으말루]	미완료

اَلْقَوَاعِدُ وَالتَّعَابِيرُ

1 아랍어 동사문

아랍어의 동사는 크게 완료형(과거)과 미완료형(현재)으로 나뉘며 각 시제의 인칭마다 발음 변화가 이루어지는데, 변화하는 패턴이 있습니다. 완료형(과거)에서는 발음 변화가 크게 없지만, 미완료형(현재)에서는 어두와 어중 발음이 조금씩 다르니 암기하여야 합니다.

아랍어의 동사는 기본적으로 3자근으로 이루어져 있습니다. 예시로 دَرَسَ [다라싸] '공부하다'라는 동사를 통해 살펴보겠습니다.

1인칭 (복수)	1인칭 (공통)	2인칭 (여성)	2인칭 (남성)	3인칭 (여성)	3인칭 (남성)	دَرَسَ
دَرَسْنَا [다라쓰나]	دَرَسْتُ [다라쓰투]	دَرَسْتِ [다라쓰티]	دَرَسْتَ [다라쓰타]	دَرَسَتْ [다라싸트]	دَرَسَ [다라싸]	완료
나	투	티	타	트	동사원형	공식

표를 보면 아랍어 동사의 완료형(과거) 3인칭 남성부터 1인칭 복수까지 각각 인칭마다 변화가 이루어집니다. 하지만 완료형(과거)은 어떤 동사를 사용하더라도 [동사원형 – 트 – 타 – 티 – 투 – 나] 패턴으로 인칭이 고정되어 있습니다. 이는 앞에서 다룬 명사문 부정 لَيْسَ [라이싸]와 명사문 과거 كَانَ [카-나]에서 보았던 동일한 패턴에 복수만 추가된 것입니다.

1인칭(공통)으로 예시를 들자면 دَرَسْتُ [다라쓰투]에서 تُ [투] 'I' + دَرَسْ [다라쓰] 'studied' = دَرَسْتُ [다라쓰투] "I studied." 이렇게 표기합니다. 그리고 2인칭 남성부터 중간 모음 부호가 수쿤으로 바뀌어 발음한다는 변화가 있습니다. 완료형(과거)에서는 동사 변화가 거의 없어 [동사원형 – 트 – 타 – 티 – 투 – 나] 패턴만 잘 숙지한다면 어떠한 동사를 보더라도 인칭과 성을 쉽게 구분할 수 있습니다.

*동사를 공부하는 데 가장 좋은 방법은 동사변환표를 보면서 변화 패턴을 익히고 SNS를 통해 상대방과 실시간으로 채팅을 하거나 회화를 하면서 연습하는 것입니다. 이 학습법이 가장 좋은 이유는 상대방과 실시간으로 대화를 하려면 내가 정확하게 알고 있어야만 하기 때문입니다.

이번에는 미완료형(현재) دَرَسَ (u)을 살펴보겠습니다.

1인칭 (복수)	1인칭 (공통)	2인칭 (여성)	2인칭 (남성)	3인칭 (여성)	3인칭 (남성)	دَرَسَ (u)
نَدْرُسُ [나드루쑤]	أَدْرُسُ [아드루쑤]	تَدْرُسِينَ [타드루씨-나]	تَدْرُسُ [타드루쑤]	تَدْرُسُ [타드루쑤]	يَدْرُسُ [야드루쑤]	미완료
눈	알리프	이-나	타	타	야	공식

미완료형(현재)의 변화 패턴은 [야 – 타 – 타 – 이-나 – 알리프 – 눈]의 형태입니다. 완료형(과거)은 동사를 기준으로 모두 마지막 자리에 인칭을 결합하여 발음하는 반면, 미완료형(현재)은 동사를 기준으로 2인칭 여성만 제외하고 모두 첫 자리에 인칭을 결합하여 발음합니다. 2인칭 여성만 불규칙인 이유는 특정 문법이 존재하고 있기 때문인데, 이 부분은 천천히 학습해 보도록 하겠습니다.

또한 دَرَسَ [다라싸] 옆에 영문 (u)의 표기는 미완료 동사의 중간 발음기호(앞에서 3번째 'ㅜ' 발음)를 말합니다. 미완료형(현재)으로 변화 시 모든 동사의 중간 모음부호는 제각기 달라 규칙이 없으니 동사를 학습할 때마다 모두 암기해야 합니다. 이에 반해 완료형(과거)은 규칙성 있게 변화하여 발음합니다.

모든 미완료 동사에서 3인칭 여성과 2인칭 남성의 형태는 항상 동일한 형태를 유지합니다. 그러므로 동사만 보고는 인칭을 파악하기 쉽지 않습니다. 이때는 그다음 문장 동사의 인칭을 파악하여 구분하여야 합니다. 만약 의문사에 주어가 3인칭 여성이라면 답변의 주어를 3인칭 여성으로 표기해야 하고, 2인칭 남성이라면 그다음 문장에서는 1인칭으로 표기해야 하기 때문입니다.

2 일반 동사문 구조

아랍어의 일반 동사문 구조는 [동사 + 주어 + 목적어]이며, 동사와 주어는 서로 위치를 바꾸어 사용해도 무방하나 목적어는 항상 문장의 맨 마지막 자리에 위치해야 합니다. 또한 목적어 자리에 위치한 명사의 마지막 모음부호는 항상 목적격으로 표기해야 한다는 중요한 문법 규칙이 있습니다.

〈완료문〉

당신(남)은 어제 아랍어를 공부했습니까? هَلْ دَرَسْتَ اللُّغَةَ الْعَرَبِيَّةَ أَمْسِ؟
[할 다라쓰탓 루가탈 아라비야타 암씨?]

네, 나는 어제 아랍어를 공부했습니다. نَعَمْ، دَرَسْتُهَا أَمْسِ.
[나암, 다라쓰투하 암씨]

첫 번째 예문은 دَرَسْ[다라쓰] '공부하다'(동사) + تَ[타] '2인칭 남성'(주어) + اللُّغَةَ الْعَرَبِيَّةَ [앗루가탈 아라비야타] '아랍어'(목적어) 순으로 완료형(과거)이 구성되어 있습니다.
동사문에서는 동사와 주어를 결합하여 함께 사용하고, 목적어 자리에 위치한 اللُّغَةَ الْعَرَبِيَّةَ [앗루가탈 아라비야타] 각각 타마르부타에 목적격을 표기하였습니다. 목적격으로 표기하는 이유는 목적어 자리이기 때문입니다.

두 번째 예문은 دَرَسْتُهَا[다라쓰투하]라고 표기하였는데 دَرَسْ[다라쓰] '공부하다'(동사) + تُ[투] '1인칭'(주어) + هَا[하] '3인칭 여성접미인칭대명사'(목적어) 순으로 문장이 구성되어 있습니다. 여기서 هَا[하]는 위 문장에서 목적어 자리에 위치한 اللُّغَةَ الْعَرَبِيَّةَ [앗루가탈 아라비야타]가 여성명사이므로 그다음 문장에서 3인칭 여성접미인칭대명사인 هَا[하]로 대체하여 사용하였습니다.

〈미완료문〉

당신(남)은 지금 아랍어를 공부합니까? هَلْ تَدْرُسُ اللُّغَةَ الْعَرَبِيَّةَ الْآنَ؟

[할 타드루쑤 루가탈 아라비야탈 아-나?]

아니요, 나는 지금 아랍어를 공부하지 않습니다. لَا، لَا أَدْرُسُ اللُّغَةَ الْعَرَبِيَّةَ الْآنَ.

[라, 라 아드루쑤 루가탈 아라비야탈 아-나]

첫 번째 예문은 تَدْرُسُ[타드루쑤]에서 تَ[타] '2인칭 남성'(주어) + دْرُسُ[드루쑤] '공부하다'(동사) + اللُّغَةَ الْعَرَبِيَّةَ[루가탈 아라비야타] '아랍어(목적어)' 순으로 미완료형 문장이 구성되어 있습니다. 완료형(과거)과 반대로 주어를 먼저, 그리고 동사를 사용하여 주어와 동사를 결합하여 쓰는 형태이고, 동사와 이어지는 목적어 자리에 명사는 목적격으로 표기하였습니다.

두 번째 예문에서 '아니요'에 해당하는 لَا[라]를 두 번 연속 사용하여 이상하다고 느낄 수 있지만 틀린 것은 아닙니다. 처음에 나온 لَا[라]는 위 문장의 هَلْ[할]에 대한 답변이며, لَا أَدْرُسُ[라 아드루쑤]처럼 동사 앞에 لَا[라]를 사용해야 동사 부정문이 되기 때문에 중복된 것입니다.

각 문장 마지막의 الْآنَ[알아-나] '지금'은 시제이면서 부사에 해당합니다. 부사는 문법의 영향을 받지 않고 그대로 사용합니다.

3 동사 미래형

아랍어에서 동사를 미래형으로 사용하기 위해서는 미완료 동사 맨 앞자리에 سَـ [싸] 또는 سَوْفَ [싸우파]만 결합하면 문장 전체의 시제가 미래형이 될 정도로 간단합니다.

나는 내일 한국어를 공부할 겁니다. سَأَدْرُسُ اللُّغَةَ الْكُورِيَّةَ غَدًا.

[싸아드루쑷 루가탈 쿠-리야타 가단]

나는 한국 회사에서 일할 겁니다. سَوْفَ أَعْمَلُ فِي الشَّرِكَةِ الْكُورِيَّةِ.

[싸우파 아으말루 핏 샤리카틸 쿠-리야티]

4 미래기약 표현 إِنْ شَاءَ اللهُ

إِنْ شَاءَ اللهُ[인샤-알라]는 무슬림들이 가장 많이 사용하는 표현 중 하나로, 미래에 일어날 일에 대해 긍정적으로 사용하는 표현입니다. 직역하면 "하느님이 원하신다면."이라는 뜻이며 원래의 발음은 [인샤-알라후]가 맞지만 통상적으로 무슬림들은 이를 줄여서 [인샤-알라]라고 발음합니다.

예를 들어 친구와 헤어지면서 "우리 다시 만나자."라고 말하면 우리가 언제 만날지 정확히 알 수는 없지만 언젠가는 꼭 볼 수 있을 거라 생각합니다. 이때 사용하는 표현이 바로 إِنْ شَاءَ اللهُ[인샤-알라]이며 항상 문장의 마지막에 사용합니다. 이외에도 비즈니스, 약속 등에 유용하게 사용 가능합니다.

우리 다시 만납시다. 하느님이 원하신다면.
سَنَلْتَقِي مَرَّةً ثَانِيَةً. إِنْ شَاءَ اللهُ.
[싸날타끼 마르라탄 싸-니야탄. 인샤-알라]

나는 축구를 할 것입니다. 하느님이 원하신다면.
سَأَلْعَبُ كُرَةَ الْقَدَمِ. إِنْ شَاءَ اللهُ.
[싸알아부 쿠라탈 까다미. 인샤-알라]

اَلْمُحَادَثَةُ وَالْعِبَارَاتُ

6-3

1 اَلْمُحَادَثَةُ وَالْعِبَارَاتُ

A مَاذَا فَعَلْتَ أَمْسِ؟

B دَرَسْتُ اللُّغَةَ الْكُورِيَّةَ فِي الْغُرْفَةِ أَمْسِ.

A: 당신(남)은 어제 무엇을 했습니까?
B: 나는 어제 방에서 한국어를 공부했습니다.

غُرْفَةٌ [구르파툰] 방

A مَاذَا فَعَلْتِ أَمْسِ؟

B دَرَسْتُ اللُّغَةَ الْعَرَبِيَّةَ فِي الْمَكْتَبَةِ أَمْسِ.

A: 당신(여)은 어제 무엇을 했습니까?
B: 나는 어제 도서관에서 아랍어를 공부했습니다.

مَكْتَبَةٌ [마크타바툰] 도서관, 서점

2 اَلْمُحَادَثَةُ وَالْعِبَارَاتُ

A مَاذَا تَفْعَلُ الْيَوْمَ؟

B أَعْمَلُ فِي الشَّرِكَةِ الْيَوْمَ.

A: 당신(남)은 오늘 무엇을 합니까?
B: 나는 오늘 회사에서 일합니다.

A مَاذَا سَتَفْعَلِينَ غَدًا؟

B سَأَدْرُسُ اللُّغَةَ الْعَرَبِيَّةَ غَدًا. إِنْ شَاءَ اللهُ.

A: 당신(여)은 내일 무엇을 하실 겁니까?
B: 나는 내일 아랍어를 공부할 겁니다. 하느님이 원하신다면.

اَلتَّدْرِيبَاتُ

1 다음 대화에서 한국어로 표기된 문장을 아랍어로 쓰고 말해 보세요.

A ....
그는 지금 무엇을 합니까?

B هُوَ يَدْرُسُ اللُّغَةَ الْكُورِيَّةَ الْآنَ.

A ....
그녀는 내일 무엇을 합니까?

B هِيَ سَتَعْمَلُ فِي الشَّرِكَةِ غَدًا.

2 다음 빈칸에 인칭과 성에 맞추어 완료형, 미완료형 동사를 쓰세요.

1인칭(복수)	1인칭(공통)	2인칭(여성)	2인칭(남성)	3인칭(여성)	3인칭(남성)	دَرَسَ (u)
						완료
						미완료

1인칭(복수)	1인칭(공통)	2인칭(여성)	2인칭(남성)	3인칭(여성)	3인칭(남성)	عَمِلَ (a)
						완료
						미완료

3 다음 대화에서 한국어로 표기된 문장을 아랍어로 쓰세요.

A مَاذَا فَعَلْتَ أَمْسِ؟

B ....
나는 어제 방에서 아랍어를 공부했습니다.

A مَتَى سَنَلْتَقِي؟

B ....
우리 내일 다시 만납시다. 하느님이 원하신다면.

LESSON
07

약속 당신은 내일 약속이 있습니까?

هَلْ عِنْدَكَ مَوْعِدٌ غَدًا؟

اَلْمُحَادَثَةُ

7-1

يُون جُو اَلسَّلَامُ عَلَيْكُمْ.
[앗쌀라-무 알라이쿰]

كَرِيمَةُ وَعَلَيْكُمُ السَّلَامُ.
[와 알라이쿠뭇 쌀람]

يُون جُو هَلْ عِنْدَكِ مَوْعِدٌ غَدًا؟
[할 인다키 마우이둔 가단?]

كَرِيمَةُ نَعَمْ، عِنْدِي مَوْعِدٌ غَدًا. لِمَاذَا؟
[나암, 인디 마우이둔 가단. 리마-다?]

يُون جُو لِأَنَّنِي، أُرِيدُ أَنْ أَذْهَبَ إِلَى الْمَكْتَبَةِ مَعَكِ.
[리안나니, 우리-두 안 아드하바 일랄 마크타바티 마아키]

كَرِيمَةُ مَا رَأْيُكِ فِي بَعْدِ غَدٍ؟
[마 라으유키 피 바으디 가딘?]

يُون جُو هَلْ عِنْدَكِ وَقْتٌ بَعْدَ غَدٍ؟
[할 인다키 와끄툰 바으다 가딘?]

كَرِيمَةُ نَعَمْ، عِنْدِي وَقْتٌ بَعْدَ غَدٍ.
[나암, 인디 와끄툰 바으다 가딘]

يُون جُو طَيِّبٌ. سَنَلْتَقِي بَعْدَ غَدٍ.
[따이분. 싸날타끼 바으다 가딘]

كَرِيمَةُ إِنْ شَاءَ اللهُ.
[인샤-알라]

اَلْكَلِمَاتُ

مَوْعِدٌ [마우이둔]	약속
مَكْتَبَةٌ [마크타바툰]	도서관, 서점
مَعَكِ [마아키]	당신(여)과 함께
وَقْتٌ [와끄툰]	시간
طَيِّبٌ [따이분]	좋습니다
مَا رَأْيُكِ فِي [마 라으유키 피]	당신(여)은 ~을 어떻게 생각합니까?

| 해석 |

윤주: 안녕하세요.

케리마: 안녕하세요.

윤주: 당신(여)은 내일 약속이 있습니까?

케리마: 네, 나는 내일 약속이 있습니다. 왜요?

윤주: 왜냐하면, 나는 당신(여)과 함께 서점으로 가길 원합니다.

케리마: 당신(여)은 모레를 어떻게 생각합니까?

윤주: 당신(여)은 모레 시간이 있습니까?

케리마: 네, 나는 모레 시간이 있습니다.

윤주: 좋습니다. 우리 모레 만납시다.

케리마: 하느님이 원하신다면.

7-2

| 원하다 | أَرَادَ (i)

1인칭(복수)	1인칭(공통)	2인칭(여성)	2인칭(남성)	3인칭(여성)	3인칭(남성)	구분
أَرَدْنَا [아라드나]	أَرَدْتُ [아라드투]	أَرَدْتِ [아라드티]	أَرَدْتَ [아라드타]	أَرَادَتْ [아라-다트]	أَرَادَ [아라-다]	완료
نُرِيدُ [누리-두]	أُرِيدُ [우리-두]	تُرِيدِينَ [투리-디-나]	تُرِيدُ [투리-두]	تُرِيدُ [투리-두]	يُرِيدُ [유리-두]	미완료

| 가다 | ذَهَبَ (a)

1인칭(복수)	1인칭(공통)	2인칭(여성)	2인칭(남성)	3인칭(여성)	3인칭(남성)	구분
ذَهَبْنَا [다합나]	ذَهَبْتُ [다합투]	ذَهَبْتِ [다합티]	ذَهَبْتَ [다합타]	ذَهَبَتْ [다하바트]	ذَهَبَ [다하바]	완료
نَذْهَبُ [나드하부]	أَذْهَبُ [아드하부]	تَذْهَبِينَ [타드하비-나]	تَذْهَبُ [타드하부]	تَذْهَبُ [타드하부]	يَذْهَبُ [야드하부]	미완료

اَلْقَوَاعِدُ وَالتَّعَابِيرُ

1 소유 표현

عِنْدَ [인다]는 소유를 나타내는 표현으로 접미인칭대명사 또는 명사와 함께 활용하여 사용하며 "~에게 ~이 있다."라고 해석합니다.

당신(남)은 내일 약속이 있습니까?

هَلْ عِنْدَكَ مَوْعِدٌ غَدًا؟

[할 인다카 마우이둔 가단?]

나에게는 아름다운 자동차가 있습니다.

عِنْدِي سَيَّارَةٌ جَمِيلَةٌ.

[인디- 싸이야-라툰 자밀-라툰]

2 مَا رَأْيُكِ فِي : 당신(여)은 ~을 어떻게 생각합니까?

이 표현은 숙어로 인칭(남, 여)을 제외하고 형태는 바뀌지 않지만 이 표현을 사용할 때는 전치사 فِي [피-]를 같이 사용해야 한다는 점을 명심해야 합니다. 왜냐하면 전치사 فِي [피-]에는 말하고자 하는 대상(명사)을 같이 사용해야 하기 때문입니다. 다양한 명사들과 함께 패턴 회화처럼 사용해 보세요.

당신(여)은 이 셔츠를 어떻게 생각합니까?

مَا رَأْيُكِ فِي هَذَا الْقَمِيصِ؟

[마 라으유키 피 하달 까미-씨?]

당신(남)은 이 시계를 어떻게 생각합니까?

مَا رَأْيُكَ فِي هَذِهِ السَّاعَةِ؟

[마 라으유카 피 하디힛 싸-아티?]

3 접속사 أَنْ

아랍어의 미완료 동사문에서 한 문장에 두 개의 동사를 동시에 쓰기 위해서는 동사와 동사 사이에 접속사 أَنْ[안]을 반드시 사용해야 합니다. 그리고 접속사와 이어지는 동사에 위치한 마지막 모음부호는 2인칭 여성만 제외하고 모두 목적격으로 표기합니다. 해석은 '~하길' 정도로 하면 됩니다. 영어로 예를 들면 "I want to run."이라는 문장에서 접속사 أَنْ[안]은 'to'에 해당합니다.

그는 이 음식을 먹길 원합니다. (3인칭 남성)
يُرِيدُ أَنْ يَأْكُلَ هَذَا الطَّعَامَ.
[유리-두 안 야으쿨라 하닷 따아-마]

그녀는 이 영화를 보길 원합니다. (3인칭 여성)
تُرِيدُ أَنْ تُشَاهِدَ هَذَا الْفِيلْمَ.
[투리-두 안 투샤-히다 하달 필-마]

당신은 축구를 하길 원합니다. (2인칭 남성)
تُرِيدُ أَنْ تَلْعَبَ كُرَةَ الْقَدَمِ.
[투리-두 안 탈아바 쿠라탈 까다미]

나는 지금 가기를 원합니다. (1인칭)
أُرِيدُ أَنْ أَذْهَبَ الْآنَ.
[우리-두 안 아드하발 아-나]

〈예외 – 2인칭 여성〉

미완료 2인칭 여성은 동사와 동사 사이에 접속사 أَنْ[안]을 사용하더라도 이어지는 동사의 마지막 모음부호를 목적격으로 표기하지 않습니다. 왜냐하면 2인칭 여성 미완료형만 마지막 모음부호 표기를 항상 목적격으로 표기하기 때문입니다. 따라서 접속사 أَنْ[안]을 사용했을 때 마지막 자리에 목적격이 와야 한다는 문법 규칙과 충돌됩니다. 그러므로 미완료 2인칭 여성에서만 목적격이 사라진 형태를 유지해야 합니다.

당신(여)은 커피를 마시길 원합니까?
هَلْ تُرِيدِينَ أَنْ تَشْرَبِي قَهْوَةً؟
[할 투리-디-나 안 타슈라비- 까흐와탄?]

당신(여)은 한국어를 공부해야만 합니다.
يَجِبُ أَنْ تَدْرُسِي اللُّغَةَ الْكُورِيَّةَ.
[야지부 안 타드루씻 루가탈 쿠-리야타]

4 전치사 مَعَ, بَعْدَ

مَعَ [마아]는 영어의 'with'에 해당하는 전치사이고, بَعْدَ [바으다]는 영어의 'after'에 해당하는 전치사입니다. 접미인칭대명사 또는 명사를 결합하여 사용하며, 전치사이기 때문에 이어지는 명사의 마지막 모음부호는 항상 소유격을 유지해야 합니다.

나는 내일 당신(남)과 함께 시장으로 갈 것입니다.	سَأَذْهَبُ إِلَى السُّوقِ معَكَ غَدًا. [싸아드하부 일랏 쑤-끼 마아카 가단]
나는 모레 약속이 있습니다.	عِنْدِي مَوْعِدٌ بَعْدَ غَدٍ. [인디 마우이둔 바으다 가딘]

اَلْمُحَادَثَةُ وَالْعِبَارَاتُ

7-3

❶ اَلْمُحَادَثَةُ وَالْعِبَارَاتُ

A هَلْ عِنْدَكَ مَوْعِدٌ غَدًا؟

B نَعَمْ، عِنْدِي مَوْعِدٌ غَدًا.

A مَا رَأْيُكَ فِي بَعْدِ غَدٍ؟

B طَيِّبٌ. سَنَلْتَقِي بَعْدَ غَدٍ. إِنْ شَاءَ اللهُ.

A: 당신(남)은 내일 약속이 있습니까?
B: 네, 나는 내일 약속이 있습니다.
A: 당신(남)은 모레를 어떻게 생각합니까?
B: 좋습니다. 우리 모레 만납시다. 하느님이 원하신다면.

❷ اَلْمُحَادَثَةُ وَالْعِبَارَاتُ

A هَلْ عِنْدَكِ مَوْعِدٌ الْيَوْمَ؟

B لَا، لَيْسَ عِنْدِي مَوْعِدٌ الْيَوْمَ. لِمَاذَا؟

A لِأَنَّنِي، أُرِيدُ أَنْ أَذْهَبَ إِلَى السُّوقِ مَعَكِ الْيَوْمَ.

B حَسَنًا، عِنْدِي وَقْتٌ الْيَوْمَ.

A: 당신(여)은 오늘 약속이 있습니까?
B: 아니요, 나는 오늘 약속이 없습니다. 왜요?
A: 왜냐하면, 나는 오늘 당신(여)과 함께 시장으로 가길 원합니다.
B: 알겠습니다, 나는 오늘 시간이 있습니다.

اَلتَّدْرِيبَاتُ

1 다음 대화에서 한국어로 표기된 문장을 아랍어로 쓰고 말해 보세요.

A ....
당신(남)은 내일 약속이 있습니까?

B نَعَمْ، عِنْدِي مَوْعِدٌ غَدًا.

A ....
당신(여)은 이 책을 어떻게 생각합니까?

B هَذَا الْكِتَابُ مُفِيدٌ جِدًّا.

2 다음 빈칸에 인칭과 성에 맞추어 완료형, 미완료형 동사를 쓰세요.

أَرَادَ (i)	3인칭(남성)	3인칭(여성)	2인칭(남성)	2인칭(여성)	1인칭(공통)	1인칭(복수)
완료						
미완료						

ذَهَبَ (a)	3인칭(남성)	3인칭(여성)	2인칭(남성)	2인칭(여성)	1인칭(공통)	1인칭(복수)
완료						
미완료						

3 다음 대화에서 한국어로 표기된 문장을 아랍어로 쓰세요.

A إِلَى أَيْنَ تُرِيدُ أَنْ تَذْهَبَ؟

B --

나는 서점으로 가길 원합니다.

A أُرِيدُ أَنْ أَدْرُسَ لُغَةً أَجْنَبِيَّةً.

B --

당신(여)은 한국어를 공부해야만 합니다.

LESSON 08

식사 당신은 무엇을 먹길 원합니까?

مَاذَا تُرِيدُ أَنْ تَأْكُلَ؟

اَلْمُحَادَثَةُ

8-1

عَامِلُ الْمَطْعَمِ أَهْلًا وَسَهْلًا فِي الْمَطْعَمِ.
[아흘란 와 싸흘란 필 마뜨아미]

سُومِي أَهْلًا بِكَ. قَائِمَةَ الطَّعَامِ مِنْ فَضْلِكَ.
[아흘란 비카. 까-이마탓 따아-미 민 파들리카]

عَامِلُ الْمَطْعَمِ تَفَضَّلِي.
[타팟돨리-]

سُومِي مَاذَا تُرِيدُ أَنْ تَأْكُلَ يَا مُحَمَّدُ؟
[마-다 투리-두 안 타으쿨라 야 무함마두?]

مُحَمَّدٌ أُرِيدُ أَنْ آكُلَ لَحمَ الْخَرُوفِ مَعَ الْخُبْزِ. وَأَنْتِ؟
[우리-두 안 아-쿨라 라흐말 카루-피 마알 쿱지. 와 안티?]

سُومِي أُرِيدُ أَنْ آكُلَ الْكَبَابَ وَسَلَطَةَ الزَّيْتُونِ.
[우리-두 안 아-쿨랄 케바-바 와 쌀라따탓 자이투-니]

مُحَمَّدٌ مَاذَا تُرِيدِينَ أَنْ تَشْرَبِي؟
[마-다 투리-디-나 안 타슈라비?]

سُومِي أُرِيدُ أَنْ أَشْرَبَ عَصِيرَ الْبُرْتُقَالِ. وَأَنْتَ؟
[우리-두 안 아슈라바 아씨-랄 부르투깔-리. 와 안타?]

مُحَمَّدٌ أُرِيدُ أَنْ أَشْرَبَ عَصِيرَ اللَّيْمُونِ. هَلْ تُرِيدِينَ شَيْئًا آخَرَ؟
[우리-두 안 아슈라바 아씨-랏 라이무-니. 할 투리-디-나 샤이안 아-카라?]

سُومِي لَا شُكْرًا.
[라 슈크란]

اَلْكَلِمَاتُ

양고기	لَحْمُ الْخَرُوفِ [라흐물 카루-피]
빵	خُبْزٌ [쿱준]
케밥	كَبَابٌ [케바-븐]
올리브 샐러드	سَلَطَةُ الزَّيْتُونِ [쌀라따툿 자이투-니]
오렌지 주스	عَصِيرُ الْبُرْتُقَالِ [아씨-룰 부르투깔-리]
레몬 주스	عَصِيرُ اللَّيْمُونِ [아씨-룻 라이무-니]

| 해석 |

식당 직원(남): 식당에 오신 것을 환영합니다.
수미: 안녕하세요. 메뉴판을 부탁드립니다.
식당 직원(남): 여기 있습니다.
수미: 무함마드, 당신(남)은 무엇을 먹길 원합니까?
무함마드: 나는 빵과 함께 양고기를 먹길 원합니다. 그리고 당신(여)은요?
수미: 나는 올리브 샐러드와 케밥을 먹길 원합니다.
무함마드: 당신(여)은 무엇을 마시길 원합니까?
수미: 나는 오렌지 주스를 마시길 원합니다. 그리고 당신(남)은요?
무함마드: 나는 레몬 주스를 마시길 원합니다. 당신(여)은 다른 무언가를 원합니까?
수미: 고맙지만 괜찮습니다.

8-2

| 먹다 | أَكَلَ (u)

1인칭(복수)	1인칭(공통)	2인칭(여성)	2인칭(남성)	3인칭(여성)	3인칭(남성)	구분
أَكَلْنَا [아칼나]	أَكَلْتُ [아칼투]	أَكَلْتِ [아칼티]	أَكَلْتَ [아칼타]	أَكَلَتْ [아칼라트]	أَكَلَ [아칼라]	완료
نَأْكُلُ [나으쿨루]	آكُلُ [아-쿨루]	تَأْكُلِينَ [타으쿨리-나]	تَأْكُلُ [타으쿨루]	تَأْكُلُ [타으쿨루]	يَأْكُلُ [야으쿨루]	미완료

| 마시다 | شَرِبَ (a)

1인칭(복수)	1인칭(공통)	2인칭(여성)	2인칭(남성)	3인칭(여성)	3인칭(남성)	구분
شَرِبْنَا [샤립나]	شَرِبْتُ [샤립투]	شَرِبْتِ [샤립티]	شَرِبْتَ [샤립타]	شَرِبَتْ [샤리바트]	شَرِبَ [샤리바]	완료
نَشْرَبُ [나슈라부]	أَشْرَبُ [아슈라부]	تَشْرَبِينَ [타슈라비-나]	تَشْرَبُ [타슈라부]	تَشْرَبُ [타슈라부]	يَشْرَبُ [야슈라부]	미완료

اَلْقَوَاعِدُ وَالتَّعَابِيرُ

1 قَائِمَةُ الطَّعَامِ : 메뉴판

قَائِمَةٌ[까-이마툰]는 '목록', طَعَامٌ[따아-문]은 '음식'이라는 의미인데, 이 두 단어를 합성하면 قَائِمَةُ الطَّعَامِ[까-이마툿 따아-미] '메뉴판'이 됩니다. 이 단어는 선행사가 여성명사, 후행사가 남성명사임에도 불구하고 서로 다른 성의 명사를 함께 사용한다는 것이 특징입니다. 이렇게 서로 성이 다른 명사를 같이 사용하면 성 구분의 기준은 항상 선행사에 맞추어야 합니다. 그러므로 이 단어의 성은 여성입니다.

이것은 메뉴판입니다.
هَذِهِ هِيَ قَائِمَةُ الطَّعَامِ.
[하디히 히야 까-이마툿 따아-미]

이 메뉴판은 큽니다.
هَذِهِ قَائِمَةُ الطَّعَامِ كَبِيرَةٌ.
[하디히 까-이마툿 따아-미 케비-라툰]

2 기본 의사소통 표현

이 표현은 영어의 'please'에 해당하며 상대방의 성에 맞추어 사용합니다.

의미	여성	남성
부탁드립니다, 제발	مِنْ فَضْلِكِ [민 파들리키]	مِنْ فَضْلِكَ [민 파들리카]

영수증을 나에게 주시길 부탁드립니다.
أَعْطِنِى الْفَاتُورَةَ مِنْ فَضْلِكَ.
[아으띠닐 파-투-라타 민 파들리카]

여권을 부탁드립니다.
جَوَازَ السَّفَرِ مِنْ فَضْلِكِ.
[자와-잣 싸파리 민 파들리키]

3 권유 표현

아랍어에는 포괄적으로 사용하는 권유 표현이 있습니다. 예를 들면 상대방에게 차, 식사를 권유할 때, 앉으라고 권유할 때, 물건을 건네줄 때, 질문의 답변 등에 이 권유 표현을 사용합니다. 다만 남녀가 구분되어 있어 상대방의 성에 맞추어 사용해야 합니다.

여성형	남성형
تَفَضَّلِي [타팟돨리-]	تَفَضَّلْ [타팟돨]

طَالِبٌ: عِنْدِي سُؤَالٌ يَا أُسْتَاذُ.
[딸-리분: 인디- 수알-룬 야 우쓰타-두]
학생(남): 교수님, 저는 질문이 있습니다.

أُسْتَاذٌ: تَفَضَّلْ.
[우쓰타-둔: 타팟돨]
교수(남): 하세요.

طَالِبَةٌ: أُرِيدُ هٰذَا.
[딸-리바툰: 우리-두 하다]
학생(여): 저는 이것을 원합니다.

بَائِعٌ: تَفَضَّلِي.
[바-이운: 타팟돨리-]
상인(남): 여기 있습니다.

4 호격사 يَا

한국어에서는 사람을 부를 때, "철수야, 영희야"처럼 '야'를 이름 뒤에 붙여서 사용하지만, 아랍어에서는 한국어와 반대로 '야'를 사람 이름이나 직업명 앞에 붙여서 사용합니다. 이것을 호격사라고 하며, 문법 사항은 성이나 인칭의 구분 없이 한정이며 마지막 모음부호는 한정 주격 ـُ 을 표기합니다.

يَا مُحَمَّدُ.
[야 무함마두]
무함마드야.

يَا مُعَلِّمَةُ.
[야 무알리마투]
선생님(여).

5 هَلْ تُرِيدُ شَيْئًا آخَرَ : 당신(남)은 다른 무언가를 원합니까?

هَلْ تُرِيدُ شَيْئًا آخَرَ[할 투리-두 샤이안 아-카라]는 필요한 것이 있는지 물어볼 때 사용하는 표현이며, 이 중에 شَيْئًا[샤이안]은 '무언가', آخَرَ[아-카라]는 '다른'이라는 의미입니다.

당신(남)은 다른 무언가를 원합니까?

هَلْ تُرِيدُ شَيْئًا آخَرَ؟
[할 투리-두 샤이안 아-카라?]

당신(여)은 다른 무언가를 원합니까?

هَلْ تُرِيدِينَ شَيْئًا آخَرَ؟
[할 투리-디-나 샤이안 아-카라?]

6 거절 표현

아랍어에서 거절을 표현할 때는 شُكْرًا[슈크란] '고맙습니다' 앞에 لَا[라] '아니오'만 붙여 لَا شُكْرًا[라 슈크란] "고맙지만 괜찮습니다."라고 말합니다. 성이나 인칭의 구분 없이 사용하며 영어의 "No thanks."와 동일한 표현입니다.

اَلْمُحَادَثَةُ وَالْعِبَارَاتُ

8-3

1 اَلْمُحَادَثَةُ وَالْعِبَارَاتُ

A مَاذَا تُرِيدُ أَنْ تَأْكُلَ؟

B أُرِيدُ أَنْ آكُلَ لَحْمَ الدَّجَاجِ مَعَ الْأُرْزِ.

A: 당신(남)은 무엇을 먹길 원합니까?

B: 나는 쌀과 함께 닭고기를 먹길 원합니다.

A مَاذَا تُرِيدِينَ أَنْ تَأْكُلِي؟

B أُرِيدُ أَنْ آكُلَ لَحْمَ الْبَقَرِ وَالسَّلَطَةَ.

A: 당신(여)은 무엇을 먹길 원합니까?

B: 나는 소고기와 샐러드를 먹길 원합니다.

2 اَلْمُحَادَثَةُ وَالْعِبَارَاتُ

A مَاذَا تُرِيدُ أَنْ تَشْرَبَ؟

B أُرِيدُ أَنْ أَشْرَبَ الْقَهْوَةَ.

A: 당신(남)은 무엇을 마시길 원합니까?

B: 나는 커피를 마시길 원합니다.

A مَاذَا تُرِيدِينَ أَنْ تَشْرَبِي؟

B أُرِيدُ أَنْ أَشْرَبَ الشَّايَ الْأَحْمَرَ.

A: 당신(여)은 무엇을 마시길 원합니까?

B: 나는 홍차를 마시길 원합니다.

اَلتَّدْرِيبَاتُ

1 다음 대화에서 한국어로 표기된 문장을 아랍어로 쓰고 말해 보세요.

A --
당신(남)은 메뉴판이 있습니까?

B نَعَمْ، هَذِهِ هِيَ قَائِمَةُ الطَّعَامِ.

A --
당신(여)은 다른 무언가를 원합니까?

B نَعَمْ، أُرِيدُ الْخُبْزَ.

2 다음 빈칸에 인칭과 성에 맞추어 완료형, 미완료형 동사를 쓰세요.

أَكَلَ (u)	3인칭(남성)	3인칭(여성)	2인칭(남성)	2인칭(여성)	1인칭(공통)	1인칭(복수)
완료						
미완료						

شَرِبَ (a)	3인칭(남성)	3인칭(여성)	2인칭(남성)	2인칭(여성)	1인칭(공통)	1인칭(복수)
완료						
미완료						

3 다음 대화에서 한국어로 표기된 문장을 아랍어로 쓰세요.

A قَائِمَةُ الطَّعَامِ مِنْ فَضْلِكَ.

B --

여기 있습니다. (남성)

A هَلْ تُرِيدُ شَيْئًا آخَرَ؟

B --

고맙지만 괜찮습니다.

LESSON 09

쇼핑 나는 가방을 사길 원합니다.

أُرِيدُ أَنْ أَشْتَرِيَ حَقِيبَةً.

اَلْمُحَادَثَةُ

9-1

بَائِعٌ أَيُّ خِدْمَةٍ؟

[아이유 키드마틴?]

مِينْ سُو أُرِيدُ أَنْ أَشْتَرِيَ حَقِيبَةً. هَلْ عِنْدَكَ حَقِيبَةٌ جَمِيلَةٌ؟

[우리-두 안 아슈타리야 하끼-바탄. 할 인다카 하끼-바툰 자밀-라툰?]

بَائِعٌ نَعَمْ، عِنْدِي حَقِيبَةٌ جَمِيلَةٌ. مَا رَأْيُكَ فِي هَذِهِ الْحَقِيبَةِ؟

[나암, 인디 하끼-바툰 자밀-라툰. 마 라으유카 피 하디힐 하끼-바티?]

مِينْ سُو هَذِهِ الْحَقِيبَةُ صَغِيرَةٌ. هَلْ عِنْدَكَ أَكْبَرُ؟

[하디힐 하끼-바투 싸기-라툰. 할 인다카 아크바루?]

بَائِعٌ نَعَمْ، أَيَّ لَوْنٍ تُرِيدُ؟

[나암, 아이야 라우닌 투리-두?]

مِينْ سُو أُرِيدُ أَسْوَدَ. بِكَمْ هَذِهِ الْحَقِيبَةُ؟

[우리-두 아쓰와다. 비캄 하디힐 하끼-바투?]

بَائِعٌ بِخَمْسَةِ دَنَانِيرَ. هَلْ تُعْجِبُكَ هَذِهِ الْحَقِيبَةُ؟

[비캄싸티 다나-니-라. 할 투으지부카 하디힐 하끼-바투?]

مِينْ سُو نَعَمْ، تُعْجِبُنِي هَذِهِ الْحَقِيبَةُ.

[나암, 투으지부니 하디힐 하끼-바투]

بَائِعٌ شُكْرًا كَثِيرًا.

[슈크란 케씨-란]

مِينْ سُو عَفْوًا.

[아프완]

اَلْكَلِمَاتُ

خِدْمَةٌ [키드마툰]	봉사, 서비스
حَقِيبَةٌ [하끼-바툰]	가방
صَغِيرَةٌ [싸기-라툰]	작은 (여성)
أَكْبَرُ [아크바루]	더 큰
لَوْنٌ [라우눈]	색깔
أَسْوَدُ [아쓰와두]	검은색

| 해석 |

상인(남): 무엇을 도와드릴까요?
민수: 나는 가방을 사길 원합니다. 당신(남)은 예쁜 가방이 있습니까?
상인(남): 네, 나는 예쁜 가방이 있습니다. 당신(남)은 이 가방을 어떻게 생각합니까?
민수: 이 가방은 작습니다. 당신(남)은 더 큰 것이 있습니까?
상인(남): 네, 당신(남)은 어떤 색깔을 원합니까?
민수: 나는 검은색을 원합니다. 이 가방은 얼마입니까?
상인(남): 5디나르입니다. 당신(남)은 이 가방이 마음에 드십니까?
민수: 네, 이 가방은 마음에 듭니다.
상인(남): 많이 고맙습니다.
민수: 천만에요.

9-2

| 사다 | (i) اِشْتَرَى

1인칭(복수)	1인칭(공통)	2인칭(여성)	2인칭(남성)	3인칭(여성)	3인칭(남성)	구분
اِشْتَرَيْنَا [이슈타라이나]	اِشْتَرَيْتُ [이슈타라이투]	اِشْتَرَيْتِ [이슈타라이티]	اِشْتَرَيْتَ [이슈타라이타]	اِشْتَرَتْ [이슈타라트]	اِشْتَرَى [이슈타라]	완료
نَشْتَرِي [나슈타리]	أَشْتَرِي [아슈타리]	تَشْتَرِينَ [타슈타리-나]	تَشْتَرِي [타슈타리]	تَشْتَرِي [타슈타리]	يَشْتَرِي [야슈타리]	미완료

| 마음에 들다(사로잡다) | (i) أَعْجَبَ

1인칭(복수)	1인칭(공통)	2인칭(여성)	2인칭(남성)	3인칭(여성)	3인칭(남성)	구분
أَعْجَبْنَا [아으잡나]	أَعْجَبْتُ [아으잡투]	أَعْجَبْتِ [아으잡티]	أَعْجَبْتَ [아으잡타]	أَعْجَبَتْ [아으자바트]	أَعْجَبَ [아으자바]	완료
نُعْجِبُ [누으지부]	أُعْجِبُ [우으지부]	تُعْجِبِينَ [투으지비-나]	تُعْجِبُ [투으지부]	تُعْجِبُ [투으지부]	يُعْجِبُ [유으지부]	미완료

اَلْقَوَاعِدُ وَالتَّعَابِيرُ

1 أَيٌّ : 어느, 어떤

أَيٌّ[아이윤]은 '어느, 어떤'이라는 의미이며 3격(주격, 목적격, 소유격)으로 변화가 가능합니다. 그리고 أَيٌّ[아이윤]과 이어지는 명사는 '비한정 + 단수 + 소유격'으로 표기합니다.

[주격] 무엇을 도와드릴까요?

أَيُّ خِدْمَةٍ؟
[아이유 키드마틴?]

[목적격] 당신(남)은 어떤 색깔을 원합니까?

أَيَّ لَوْنٍ تُرِيدُ؟
[아이야 라우닌 투리-두?]

[소유격] 우리 몇 시에 만날까요?

فِي أَيِّ سَاعَةٍ نَلْتَقِي؟
[피- 아이 싸-아틴 날타끼-?]

2 비교급

비교급은 원급 어휘에서 '더 ~한'이라는 뜻으로 해석합니다. 예를 들어 '큰'을 비교급으로 바꾸면 '더 큰'으로, '작은'은 '더 작은'으로 변화합니다.

의미	비교급	원급
더 큰 - 큰	أَكْبَرُ [아크바루]	كَبِيرٌ [케비-룬]
더 작은 - 작은	أَصْغَرُ [아쓰가루]	صَغِيرٌ [싸기-룬]
더 저렴한 - 저렴한	أَرْخَصُ [아르카쑤]	رَخِيصٌ [라키-쑨]

비교급은 항상 원급의 반대로 사용합니다. 예를 들어, 셔츠가 크다면 더 작은 것을 찾을 것이고, 작다면 더 큰 것을 찾는 것을 의미합니다.

이 셔츠는 작습니다.

هَذَا الْقَمِيصُ صَغِيرٌ.
[하달 까미-쑤 싸기-룬]

당신(남)은 더 큰 것이 있습니까?

هَلْ عِنْدَكَ أَكْبَرُ؟
[할 인다카 아크바루?]

이 신발은 비쌉니다.

هَذَا الْحِذَاءُ غَالٍ.
[하달 히다-우 갈-린]

당신(여)은 더 저렴한 것이 있습니까?

هَلْ عِنْدَكِ أَرْخَصُ؟
[할 인다키 아르카쑤?]

3 숫자

아랍어 숫자는 서수와 기수로 나뉘어 있으며 성 구분이 있습니다. 또한 아랍어는 오른쪽부터 왼쪽으로 읽지만, 아랍숫자 표기는 아랍어와는 반대로 왼쪽에서 오른쪽으로 읽는다는 점을 명심해야 합니다.

0	1	2	3	4	5	6	7	8	9	10
٠	١	٢	٣	٤	٥	٦	٧	٨	٩	١٠

20	35	61	77	87
٢٠	٣٥	٦١	٧٧	٨٧

아랍숫자 표기는 쓰고 싶은 표기를 조합만 하여 쓰면 되므로 어렵지 않게 학습할 수 있으나 숫자 5, 7, 8을 주의하여야 합니다. 숫자 5를 아랍어로 표기하면 '٥'라고 표기하는데 표기상 숫자 '0'으로 오해할 수 있고, 숫자 7과 8은 ∧ / ∨ 과 흡사하게 생겼기 때문입니다.

〈아랍어 기수〉

기수(여성)	기수(남성)	숫자
وَاحِدَةٌ [와-히다툰]	وَاحِدٌ [와-히둔]	1
اِثْنَتَانِ [이쓰나타-니]	اِثْنَانِ [이쓰나-니]	2
ثَلَاثٌ [쌀라-쑨]	ثَلَاثَةٌ [쌀라-싸툰]	3
أَرْبَعٌ [아르바운]	أَرْبَعَةٌ [아르바아툰]	4
خَمْسٌ [캄쑨]	خَمْسَةٌ [캄싸툰]	5
سِتٌّ [씻툰]	سِتَّةٌ [씻타툰]	6
سَبْعٌ [싸브운]	سَبْعَةٌ [싸브아툰]	7
ثَمَانٍ [싸마-닌]	ثَمَانِيَةٌ [싸마-니야툰]	8
تِسْعٌ [티쓰운]	تِسْعَةٌ [티쓰아툰]	9
عَشْرٌ [아슈룬]	عَشَرَةٌ [아샤라툰]	10

기수의 특징은 숫자 3부터 타마르부타를 남성에 표기하고 여성에는 표기하지 않는다는 점입니다. 즉, 3부터 성 구분을 반대로 표기합니다. 남성과 여성을 동시에 암기하면 혼동을 느낄 수 있으므로 남성형만 암기하고, 숫자 3부터는 성 구분을 반대로 표기한다고 정리해두면 조금 더 쉽게 학습할 수 있습니다.

4 가격을 물어보는 표현

아랍어에서 양이나 수량을 나타내는 어휘는 كَمْ[캄]을 사용하며, 여기에 전치사 بِـ[비]를 붙여 بِكَمْ[비캄]이라고 쓰면 '얼마'라는 의미가 됩니다. 답변에는 숫자 앞에 동일하게 전치사 بِـ[비]를 붙여 사용해야 합니다.

이것은 얼마입니까?

بِكَمْ هَذَا؟
[비캄 하다?]

3디나르(아랍화폐)입니다.

بِثَلَاثَةِ دَنَانِيرَ.
[비쌀라-싸티 다라-니-라]

5 사역동사

사역동사는 "나는 이것을 좋아한다."가 아닌 역으로 "이것이 나를 빠지게 만들었다."는 의미이며 일반동사문과 구조가 다릅니다. 일반동사문 구조는 '동사 + 주어 + 목적어'이지만 사역동사의 구조는 '동사 + 목적어 + 주어' 순으로 이루어져 있습니다. 일반동사문과 비교했을 때 주어와 목적어의 위치가 서로 바뀌어 어렵게 느껴질 수도 있으나, 사역동사는 한국어와 어순이 똑같기 때문에 구조만 파악한다면 오히려 우리에게는 일반동사문보다 훨씬 쉬운 표현입니다.

나는 이 셔츠를 좋아합니다.

② ③ ①

أُحِبُّ هَذَا الْقَمِيصَ.
[우힙부 하달 까미-싸]

일반동사문은 해석 시 ① 주어 → ② 목적어 → ③ 동사 순으로 해석합니다. 예문에서 주어는 1인칭이므로 "나는" / 목적어 자리에 위치한 명사는 목적격 표기를 하면서 "이 셔츠를" / 동사는 "좋아합니다"의 구조입니다.

①	②	③	
يُعْجِبُنِي هَذَا الْقَمِيصُ. [유으지부니 하달 까미-쑤]			이 셔츠가 나를 빠지게 만들었습니다.

사역동사문은 해석 시 ① 주어 → ② 목적어 → ③ 동사 순으로 해석하는 구조가 이론상 일반동사와 동일하지만 차이점이 있습니다. 위에서 언급했듯이 사역동사는 한국어와 똑같은 문장구조를 가지고 있으므로 왼쪽에서 오른쪽 순으로 해석해 나가야 합니다.

예문에서 주어는 هَذَا الْقَمِيصُ[하달 까미-쑤]이므로 주격을 표기하면서 "이 셔츠가" / 사역동사에서 항상 접미인칭대명사가 목적어 자리입니다. 예문에서는 نِي[니] 1인칭이므로 "나를" / يُعْجِبُ[유으지부] 동사는 "빠지게 만들었습니다"의 구조입니다. 동사는 항상 주어의 인칭과 성에 맞추어 사용합니다. 위 예문에서 주어는 '셔츠'이고 이는 사물이면서 남성명사이므로 3인칭 남성에 해당합니다. 그러므로 동사 또한 3인칭 남성으로 표기한 것입니다.

일반동사와 사역동사의 차이점을 정리하겠습니다. 일반동사에서 마지막 자리에 위치한 명사는 목적어 자리이므로 마지막 모음부호를 목적격으로 표기하는 반면, 사역동사는 마지막 명사의 자리가 주어 자리이므로 일반동사와는 달리 주격으로 표기합니다.

또한 일반동사문에서 인칭은 1인칭만 제외하고 상대방의 인칭과 성에 맞추어 사용하는 반면, 사역동사는 주어에 위치한 명사의 인칭과 성에 맞추어 사용합니다. 일반동사와 사역동사를 같이 비교해서 구조를 파악한다면 사역동사도 어렵지 않게 학습할 수 있습니다.

اَلْمُحَادَثَةُ وَالْعِبَارَاتُ

9-3

❶ اَلْمُحَادَثَةُ وَالْعِبَارَاتُ

A مَا رَأْيُكَ فِي هَذَا الْبَنْطَلُونِ؟

B هَذَا الْبَنْطَلُونُ كَبِيرٌ. هَلْ عِنْدَكَ أَصْغَرُ؟

A نَعَمْ، عِنْدِي أَصْغَرُ مِنْ هَذَا الْبَنْطَلُونِ.

B شُكْرًا جَزِيلًا.

A: 당신(남)은 이 바지를 어떻게 생각합니까?
B: 이 바지는 큽니다. 당신(남)은 더 작은 것이 있습니까?
A: 네, 나는 이 바지보다 더 작은 것이 있습니다.
B: 대단히 감사합니다.

بَنْطَلُونٌ 바지 [반딸루-눈]

❷ اَلْمُحَادَثَةُ وَالْعِبَارَاتُ

A هَلْ تُعْجِبُكِ هَذِهِ الْقُبَّعَةُ؟

B نَعَمْ، تُعْجِبُنِي هَذِهِ الْقُبَّعَةُ. بِكَمْ هَذِهِ الْقُبَّعَةُ؟

A بِثَمَانِيَةِ دَنَانِيرَ.

B أُرِيدُ هَذِهِ الْقُبَّعَةَ.

A: 이 모자가 당신(여)을 빠지게 만들었습니까(마음에 드십니까)?
B: 네, 이 모자가 나를 빠지게 만들었습니다(마음에 듭니다). 이 모자는 얼마입니까?
A: 8디나르입니다.
B: 나는 이 모자를 원합니다.

قُبَّعَةٌ 모자 [꿉바아툰]

اَلتَّدْرِيبَاتُ

1 다음 대화에서 한국어로 표기된 문장을 아랍어로 쓰고 말해 보세요.

A --
무엇을 도와드릴까요?

B أُرِيدُ أَنْ أَشْتَرِيَ قَمِيصًا.

A --
당신(여)은 어떤 색깔을 원합니까?

B أُرِيدُ أَحْمَرَ.

2 다음 빈칸에 인칭과 성에 맞추어 완료형, 미완료형 동사를 쓰세요.

(i) اِشْتَرَى	3인칭(남성)	3인칭(여성)	2인칭(남성)	2인칭(여성)	1인칭(공통)	1인칭(복수)
완료						
미완료						

(i) أَعْجَبَ	3인칭(남성)	3인칭(여성)	2인칭(남성)	2인칭(여성)	1인칭(공통)	1인칭(복수)
완료						
미완료						

3 다음 대화에서 한국어로 표기된 문장을 아랍어로 쓰세요.

A بِكَمْ هَذِهِ الْحَقِيبَةُ؟

B --
5디나르입니다.

A هَلْ تُعْجِبُكَ هَذِهِ الْحَقِيبَةُ؟

B --
네, 이 가방은 나의 마음에 듭니다.

LESSON 10

시간 지금 몇 시입니까?

كَمِ السَّاعَةُ الْآنَ؟

اَلْمُحَادَثَةُ

10-1

مُحَمَّدٌ كَمِ السَّاعَةُ الْآنَ؟
[카밋 싸-아툴 아-나?]

أُمٌّ اَلسَّاعَةُ الْوَاحِدَةُ الْآنَ.
[앗싸-아툴 와-히다툴 아-나]

مُحَمَّدٌ حَقًّا؟ يَجِبُ أَنْ أَخْرُجَ الْآنَ.
[하깐? 야지부 안 아크루잘 아-나]

أُمٌّ لِمَاذَا تَخْرُجُ الْآنَ؟
[리마-다 타크루줄 아-나?]

مُحَمَّدٌ لِأَنَّنِي، عِنْدِي مَوْعِدٌ مَعَ صَدِيقِي.
[리안나니, 인디- 마우이둔 마아 싸디-끼-]

أُمٌّ أَيْنَ سَتَذْهَبُ مَعَهُ؟
[아이나 싸타드하부 마아후?]

مُحَمَّدٌ سَنَذْهَبُ إِلَى وَسَطِ الْمَدِينَةِ وَسَنُشَاهِدُ فِيلْمًا فِي السِّينَمَا.
[싸나드하부 일라 와싸떨 마디-나티 와 싸누샤-히두 필-만 핏 씨-나마]

أُمٌّ مَتَى سَتَرْجِعُ إِلَى الْبَيْتِ؟
[마타 싸타르지우 일랄 바이티?]

مُحَمَّدٌ سَأَرْجِعُ إِلَى الْبَيْتِ فِي السَّاعَةِ السَّادِسَةِ وَالنِّصْفِ بِالْأُوتُوبِيس. إِنْ شَاءَ اللهُ.
[싸아르지우 일랄 바이티 핏 싸-아팃 싸-디싸티 왓 니쓰피 빌우-투-비쓰. 인샤-알라]

أُمٌّ لَا تَتَأَخَّرْ.
[라 타타앗카르]

اَلْكَلِمَاتُ

سَاعَةٌ [싸-아툰]	시간, 시계
صَدِيقِي [싸디-끼]	나의 친구
وَسَطُ الْمَدِينَةِ [와싸툴 마디-나티]	시내
فِيلْمٌ [필-문]	영화
سِينَمَا [씨-나마]	영화관
أُوتُوبِيس [우-투-비쓰]	버스

| 해석 |

무함마드: 지금 몇 시예요?
어머니: 지금 1시란다.
무함마드: 정말요? 저는 지금 나가야만 해요.
어머니: 왜 너는 지금 나가니?
무함마드: 왜냐하면, 저는 나의 친구와 함께 약속이 있어요.
어머니: 그와 함께 어디를 갈 거니?
무함마드: 우리는 시내로 갈 것이고 영화관에서 영화를 볼 거예요.
어머니: 언제 집으로 돌아올 거니?
무함마드: 저는 버스를 타고 6시 30분에 집으로 돌아올게요. 하느님이 원하신다면.
어머니: 늦지 말거라.

10-2

| 나가다 | خَرَجَ (u)

1인칭(복수)	1인칭(공통)	2인칭(여성)	2인칭(남성)	3인칭(여성)	3인칭(남성)	구분
خَرَجْنَا [카라즈나]	خَرَجْتُ [카라즈투]	خَرَجْتِ [카라즈티]	خَرَجْتَ [카라즈타]	خَرَجَتْ [카라자트]	خَرَجَ [카라자]	완료
نَخْرُجُ [나크루주]	أَخْرُجُ [아크루주]	تَخْرُجِينَ [타크루지-나]	تَخْرُجُ [타크루주]	تَخْرُجُ [타크루주]	يَخْرُجُ [야크루주]	미완료

| 돌아오다 | رَجَعَ (i)

1인칭(복수)	1인칭(공통)	2인칭(여성)	2인칭(남성)	3인칭(여성)	3인칭(남성)	구분
رَجَعْنَا [라자으나]	رَجَعْتُ [라자으투]	رَجَعْتِ [라자으티]	رَجَعْتَ [라자으타]	رَجَعَتْ [라자아트]	رَجَعَ [라자아]	완료
نَرْجِعُ [나르지우]	أَرْجِعُ [아르지우]	تَرْجِعِينَ [타르지이-나]	تَرْجِعُ [타르지우]	تَرْجِعُ [타르지우]	يَرْجِعُ [야르지우]	미완료

اَلْقَوَاعِدُ وَالتَّعَابِيرُ

1 시간을 물어보는 표현

아랍어에서 "몇 시입니까?"라는 표현은 كَمِ السَّاعَةُ[카밋 싸-아투]라고 말합니다. 여기서 كَمْ[캄]은 '양, 수량', السَّاعَةُ[싸-아투]는 '시간'을 의미합니다. 직역하면 시간의 양을 물어보고 있는 것으로 "몇 시입니까?"라는 의미가 됩니다. 답변에는 아랍어 서수와 السَّاعَةُ[앗싸-아투]를 함께 사용하여 말합니다.

지금은 몇 시입니까?

كَمِ السَّاعَةُ الْآنَ؟

[카밋 싸-아툴 아-나?]

지금은 1시입니다.

اَلسَّاعَةُ الْوَاحِدَةُ الْآنَ.

[앗싸-아툴 와-히다툴 아-나]

우리는 몇 시에 만나나요?

فِي أَيِّ سَاعَةٍ نَلْتَقِي؟

[피 아이 싸-아틴 날타끼?]

우리 3시 15분에 만납시다.

لِنَلْتَقِي فِي السَّاعَةِ الثَّالِثَةِ وَالرُّبْعِ.

[리 날타끼 핏 싸아-팃 쌀-리싸티 왓 루브이]

---

2 يَجِبُ أَنْ : ~을 해야만 한다

아랍어에서 영어의 'must'와 같은 표현은 يَجِبُ أَنْ[야지부 안]이라고 합니다. 이 표현에는 접속사 أَنْ[안]이 있으므로 이어지는 동사의 마지막 모음부호는 2인칭 여성만 제외하고 모두 목적격으로 표기합니다.

나는 오늘 이 책을 공부해야 합니다.

يَجِبُ أَنْ أَدْرُسَ هَذَا الْكِتَابَ الْيَوْمَ.

[야지부 안 아드루싸 하달 키타-발 야우마]

나는 내일 학교로 가야 합니다.

يَجِبُ أَنْ أَذْهَبَ إِلَى الْمَدْرَسَةِ غَدًا.

[야지부 안 아드하바 일랄 마드라싸티 가단]

3 서수 표현

여성	남성	의미
اَلْأُولَى [알울-라]	اَلْأَوَّلُ [알아으왈루]	제1의
اَلثَّانِيَةُ [앗싸-니야투]	اَلثَّانِي [앗싸-니]	제2의
اَلثَّالِثَةُ [앗쌀-리싸투]	اَلثَّالِثُ [앗쌀-리쑤]	제3의
اَلرَّابِعَةُ [앗라-비아투]	اَلرَّابِعُ [앗라-비우]	제4의
اَلْخَامِسَةُ [알카-미싸투]	اَلْخَامِسُ [알카-미쑤]	제5의
اَلسَّادِسَةُ [앗싸-디싸투]	اَلسَّادِسُ [앗싸-디쑤]	제6의
اَلسَّابِعَةُ [앗싸-비아투]	اَلسَّابِعُ [앗싸-비우]	제7의
اَلثَّامِنَةُ [앗싸-미나투]	اَلثَّامِنُ [앗싸-미누]	제8의
اَلتَّاسِعَةُ [앗타-씨아투]	اَلتَّاسِعُ [앗타-씨우]	제9의
اَلْعَاشِرَةُ [알아-쉬라투]	اَلْعَاشِرُ [알아-쉬루]	제10의
اَلْحَادِيَةَ عَشْرَةَ [알하-디야타 아슈라타]	اَلْحَادِيَ عَشَرَ [알하-디야 아샤라]	제11의
اَلثَّانِيَةَ عَشْرَةَ [앗싸-니야타 아슈라타]	اَلثَّانِيَ عَشَرَ [앗싸-니야 아샤라]	제12의

4 분 표현

아랍어에서 분은 분수로 표기합니다. '40'분과 '45분' 표현 중 إِلَّا[일라-]는 '~을 제외하고'라는 의미이며, '15분'과 '20분' 표현에서 إِلَّا[일라-]와 함께 응용하여 사용합니다. 말 그대로 20분이 제외되어 40분, 15분이 제외되어 45분이라고 표기하는 것입니다.

15분	20분	30분	40분	45분
رُبْعٌ [루브운]	ثُلْثٌ [쑬쑨]	نِصْفٌ [니쓰푼]	إِلَّا ثُلْثًا [일라- 쑬싼]	إِلَّا رُبْعًا [일라- 루브안]

1시입니다.

اَلسَّاعَةُ الْوَاحِدَةُ.
[앗싸-아툴 와-히다투]

3시 15분입니다.

اَلسَّاعَةُ الثَّالِثَةُ وَالرُّبْعُ.
[앗싸-아툿 쌀-리싸투 왓루브우]

5시 20분입니다.

اَلسَّاعَةُ الْخَامِسَةُ وَالثُّلْثُ.
[앗싸-아툴 카-미싸투 왓쑬쑤]

6시 30분입니다.

اَلسَّاعَةُ السَّادِسَةُ وَالنِّصْفُ.
[앗싸-아툿 싸-디싸투 왓니쓰푸]

6시 40분입니다.

اَلسَّاعَةُ السَّابِعَةُ إِلَّا ثُلُثًا.
[앗싸-아툿 싸-비아투 일라- 쑬싼]

8시 45분입니다.

اَلسَّاعَةُ التَّاسِعَةُ إِلَّا رُبْعًا.
[앗싸-아툿 타-씨아투 일라- 루브안]

- 시간을 표기할 때 '1시'를 제외(기수 사용)하고 서수와 분수를 같이 사용합니다. 1시만 기수를 사용하는 이유는 '제1의' 서수(여성)는 여성형인데도 불구하고 타마르부타를 사용하지 않는 불규칙이 있기 때문입니다. '시간'이라는 명사가 여성형이므로 시간은 모두 서수 여성형만 사용하며 분수에는 성 구분이 없습니다.
- 위 예문에서 '6시 40분'과 '8시 45분'을 주의해야 합니다. '6시 40분'을 보면 시간은 السَّابِعَةُ[앗싸-비아투] '7시'라고 되어 있으나, 분은 إِلَّا ثُلُثًا[일라- 쑬싼]으로 되어 있습니다. 그럼에도 '6시 40분'이라고 표기하는 이유는 분에서 '20분 제외'를 앞의 시에서 그만큼 빼주어야 하기 때문입니다. 8시 45분도 같은 이유입니다.

اَلْمُحَادَثَةُ وَالْعِبَارَاتُ

10-3

① اَلْمُحَادَثَةُ وَالْعِبَارَاتُ

A كَمِ السَّاعَةُ الْآنَ؟

B اَلسَّاعَةُ الثَّالِثَةُ وَالرُّبْعُ الْآنَ.

A حَقًّا؟ يَجِبُ أَنْ أَخْرُجَ الْآنَ.
لِأَنَّنِي، عِنْدِي مَوْعِدٌ مَعَ صَدِيقِي.

B لَا تَتَأَخَّرْ.

A: 지금 몇 시입니까?
B: 지금 3시 15분입니다.
A: 정말요? 저는 지금 나가야 합니다. 왜냐하면, 나의 친구랑 약속이 있거든요.
B: 늦지 마세요.

② اَلْمُحَادَثَةُ وَالْعِبَارَاتُ

A مَتَى سَتَرْجِعُ إِلَى الْبَيْتِ؟

B كَمِ السَّاعَةُ الْآنَ؟

A اَلسَّاعَةُ السَّابِعَةُ تَمَامًا الْآنَ.

B سَأَرْجِعُ إِلَى الْبَيْتِ بَعْدَ نِصْفِ سَاعَةٍ.

A: 당신은 언제 집으로 돌아갑니까?
B: 지금 몇 시입니까?
A: 지금 정각 7시입니다.
B: 나는 30분 뒤에 집으로 돌아갈 것입니다.

اَلتَّدْرِيبَاتُ

1 다음 대화에서 한국어로 표기된 문장을 아랍어로 쓰고 말해 보세요.

-- 지금 몇 시입니까?	A
اَلسَّاعَةُ الْخَامِسَةُ وَالثُّلْثُ الْآنَ.	B
-- 당신(남)은 언제 집으로 돌아갑니까?	A
سَأَرْجِعُ إِلَى الْبَيْتِ بَعْدَ رُبْعِ سَاعَةٍ.	B

2 다음 빈칸에 인칭과 성에 맞추어 완료형, 미완료형 동사를 쓰세요.

1인칭(복수)	1인칭(공통)	2인칭(여성)	2인칭(남성)	3인칭(여성)	3인칭(남성)	خَرَجَ (u)
						완료
						미완료

1인칭(복수)	1인칭(공통)	2인칭(여성)	2인칭(남성)	3인칭(여성)	3인칭(남성)	رَجَعَ (i)
						완료
						미완료

3 다음 대화에서 한국어로 표기된 문장을 아랍어로 쓰세요.

كَمِ السَّاعَةُ الْآنَ؟	A
-- 지금 7시 40분입니다.	B
مَتَى سَنَلْتَقِي غَدًا؟	A
-- 우리는 내일 카페에서 6시 30분에 만날 것입니다.	B

LESSON 11

의향 나는 시내로 가길 원합니다.

أُرِيدُ أَنْ أَذْهَبَ إِلَى وَسَطِ الْمَدِينَةِ.

اَلْمُحَادَثَةُ

11-1

مِينْ سُو لَوْ سَمَحْتَ، أُرِيدُ أَنْ أَذْهَبَ إِلَى السُّوقِ.
[라우 싸마흐타, 우리-두 안 아드하바 일랏 수-끼]

حَسَنٌ اَلسُّوقُ؟ هِيَ بَعِيدَةٌ عَنْ هُنَا.
[앗수-꾸? 히야 바이-다툰 안 후나]

مِينْ سُو كَيْفَ أَذْهَبُ إِلَى هُنَاكَ؟
[케이파 아드하부 일라 후나-카?]

حَسَنٌ اِرْكَبِ الْأُوتُوبِيس وَانْزِلْ أَمَامَ مَقْهَى النِّيلِ.
[이르카빌 우-투-비쓰 와 인질 아마-마 마끄핫 닐-리]

مِينْ سُو أَيْنَ مَحَطَّةُ الْأُوتُوبِيس؟
[아이나 마핫따툴 우-투-비쓰?]

حَسَنٌ هِيَ قَرِيبَةٌ مِنْ هُنَا. اِمْشِ إِلَى الْأَمَامِ قَلِيلًا.
[히야 까리-바툰 민 후나. 임쉬 일랄 아마-미 깔릴-란]

مِينْ سُو هَل مَقْهَى النِّيلِ قَرِيبٌ مِنْ وَسَطِ الْمَدِينَةِ؟
[할 마끄핫 닐-리 까리-분 민 와싸띨 마디-나티?]

حَسَنٌ نَعَمْ، هُوَ لَيْسَ بَعِيدًا عَنْ وَسَطِ الْمَدِينَةِ.
[나암, 후와 라이싸 바이-단 안 와싸띨 마디-나티]

مِينْ سُو شُكْرًا لَكَ.
[슈크란 라카]

حَسَنٌ عَفْوًا.
[아프완]

اَلْكَلِمَاتُ

سُوقٌ [수-꾼]	시장
هُنَا [후나]	여기
هُنَاكَ [후나-카]	저기
أَمَامَ [아마-마]	~앞에
مَحَطَّةٌ [마핫따툰]	정류장
مَقْهَى النِّيلِ [마끄핫 닐-리]	나일 카페

| 해석 |

민수: 실례합니다, 나는 시장으로 가길 원합니다.
하싼: 시장이요? 거기는 이곳에서 멉니다.
민수: 나는 거기로 어떻게 가야 합니까?
하싼: 버스를 타고 나일 카페 앞에서 내리세요.
민수: 버스 정류장은 어디에 있습니까?
하싼: 그것은 여기서 가깝습니다. 앞으로 조금만 걸어가세요.
민수: 나일 카페는 시내에서 가깝습니까?
하싼: 네, 나일 카페는 시내에서 멀지 않습니다.
민수: 당신께 감사합니다.
하싼: 천만에요.

11-2

| 타다 | رَكِبَ (a)

1인칭(복수)	1인칭(공통)	2인칭(여성)	2인칭(남성)	3인칭(여성)	3인칭(남성)	구분
رَكِبْنَا [라킵나]	رَكِبْتُ [라킵투]	رَكِبْتِ [라킵티]	رَكِبْتَ [라킵타]	رَكِبَتْ [라키바트]	رَكِبَ [라키바]	완료
نَرْكَبُ [나르카부]	أَرْكَبُ [아르카부]	تَرْكَبِينَ [타르카비-나]	تَرْكَبُ [타르카부]	تَرْكَبُ [타르카부]	يَرْكَبُ [야르카부]	미완료

| 내리다 | نَزَلَ (i)

1인칭(복수)	1인칭(공통)	2인칭(여성)	2인칭(남성)	3인칭(여성)	3인칭(남성)	구분
نَزَلْنَا [나잘나]	نَزَلْتُ [나잘투]	نَزَلْتِ [나잘티]	نَزَلْتَ [나잘타]	نَزَلَتْ [나잘라트]	نَزَلَ [나잘라]	완료
نَنْزِلُ [난질루]	أَنْزِلُ [안질루]	تَنْزِلِينَ [탄질리-나]	تَنْزِلُ [탄질루]	تَنْزِلُ [탄질루]	يَنْزِلُ [얀질루]	미완료

اَلْقَوَاعِدُ وَالتَّعَابِيرُ

1 기본 의사소통 표현

이 표현은 영어의 "Excause me."에 해당하며 상대방의 성에 맞추어 사용합니다.

의미	여성	남성
실례합니다, 허락하신다면	لَوْ سَمَحْتِ [라우 싸마흐티]	لَوْ سَمَحْتَ [라우 싸마흐타]

실례합니다, 은행은 어디에 있습니까?

لَوْ سَمَحْتَ، أَيْنَ الْبَنْكُ؟

[라우 싸마흐타, 아이날 반크?]

لَوْ سَمَحْتِ، أُرِيدُ أَنْ أَذْهَبَ إِلَى مَكْتَبِ الْبَرِيدِ.

[라우 싸마흐티, 우리-두 안 아드하바 일라 마크타빌 바리-디]

실례합니다, 나는 우체국으로 가길 원합니다.

2 아랍어 숙어 표현

길 찾기에서 사용할 수 있는 숙어 표현은 "가깝다"와 "멀다"인데, قَرِيبٌ[까리-분] '가까운'은 반드시 전치사 مِنْ[민]과 함께 사용하고, بَعِيدٌ[바이-둔] '먼'은 반드시 전치사 عَنْ[안]과 함께 사용해야 합니다.

~에서 먼	~로부터 가까운
بَعِيدٌ عَنْ [바이-둔 안]	قَرِيبٌ مِنْ [까리-분 민]

그 대학교는 여기로부터 가깝습니다.

اَلْجَامِعَةُ قَرِيبَةٌ مِنْ هُنَا.

[알자-미아투 까리-바툰 민 후나]

이 집은 거기에서 멉니다.

اَلْبَيْتُ بَعِيدٌ عَنْ هُنَاكَ.

[알바이투- 바이-둔 안 후나-카]

3 독립인칭대명사 활용

동일한 어휘를 반복 사용하면 문장이 매끄럽지 못합니다. 그래서 아랍어에서는 어떠한 어휘를 사용했다면 그다음 문장에서 동일한 어휘를 사용하는 것이 아니라 독립인칭대명사로 사용하기도 합니다. 예를 들면 영어에서 'it'으로 대신하여 사용하는 용법을 말합니다. 다만 아랍어는 성과 인칭을 구분해야 한다는 특징이 있습니다.

나는 은행으로 가길 원합니다.

أُرِيدُ أَنْ أَذْهَبَ إِلَى الْبَنْكِ.

[우리-두 안 아드하바 일랄 반키]

그곳은 여기로부터 가깝습니다.

هُوَ قَرِيبٌ مِنْ هُنَا.

[후와 까리-분 민 후나]

카이로 대학교는 어디에 있습니까?

أَيْنَ جَامِعَةُ الْقَاهِرَةِ؟

[아이나 자-미아툴 까-히라티?]

그곳은 이곳에서 멉니다.

هِيَ بَعِيدَةٌ عَنْ هُنَا.

[히야 바이-다툰 안 후나]

첫 번째 예문에서는 الْبَنْكِ[반키] '은행'으로 가고 싶다고 언급한 후, 그다음 문장에서 다시 '은행'이라는 어휘를 사용하지 않고 3인칭 남성 독립인칭대명사인 هُوَ[후와]를 사용했습니다. الْبَنْكِ[반키] '은행'은 남성이면서 사물이므로 3인칭 남성이기 때문입니다.

두 번째 예문에서는 جَامِعَةُ الْقَاهِرَةِ[자-미아툴 까-히라티] '카이로 대학교'를 언급한 후, 그다음 문장에서 '카이로 대학교'를 3인칭 여성 독립인칭대명사인 هِيَ[히야]로 사용했습니다. جَامِعَةُ الْقَاهِرَةِ[자-미아툴 까-히라티] '카이로 대학교'는 여성이면서 사물이므로 3인칭 여성이기 때문입니다.

4 아랍어 부사

부사는 아랍어의 문장구조에서 항상 마지막 자리에 위치하여야 합니다. هُنَاكَ [후나-카]에서 كَ는 접미인칭대명사가 아니며 부사에는 성과 인칭 구분이 없습니다.

저기	여기
هُنَاكَ [후나-카]	هُنَا [후나]

이 펜은 여기에 있습니다.

اَلْقَلَمُ هُنَا.
[알깔라무 후나]

그 아름다운 자동차는 저기에 있습니다.

اَلسَّيَّارَةُ الْجَمِيلَةُ هُنَاكَ.
[앗싸이야-라툴 자밀-라투 후나-카]

5 명령형

명령형은 말 그대로 상대방에게 명령하는 듯한 어조로 말하는 것을 뜻합니다. 2인칭 현재형 동사만 사용하여 변형이 이루어지는데, 동사의 중간 모음부호가 (u) 발음이면 어두에 위치한 تَ[타]가 사라지면서 그 자리에 أُ[우] 발음을 결합하여 발음합니다. 그리고 중간 모음부호가 (a) 또는 (i) 발음이면 어두 자리에 تَ[타]가 사라지면서 그 자리에 اِ[이] 발음을 결합하여 발음합니다. 그리고 남성형의 마지막 발음은 ـْ (수쿤), 여성형의 마지막 발음은 ـِي[이-]로 표기합니다.

명령형(여성)	명령형(남성)	공부하다 / 나가다 (u)
أُدْرُسِي [우드루씨-]	أُدْرُسْ [우드루쓰]	تَدْرُسُ [타드루쑤]
أُخْرُجِي [우크루지-]	أُخْرُجْ [우크주즈]	تَخْرُجُ [타크루주]

명령형(여성)	명령형(남성)	가다 / 타다 (a)
اِذْهَبِي [이드하비-]	اِذْهَبْ [이드합]	تَذْهَبُ [타드하부]
اِرْكَبِي [이르카비-]	اِرْكَبْ [이르캅]	تَرْكَبُ [타르카부]

명령형(여성)	명령형(남성)	돌아가다 / 내리다 (i)
اِرْجِعِي [이르지-]	اِرْجِعْ [이르지으]	تَرْجِعُ [타르지우]
اِنْزِلِي [인질리-]	اِنْزِلْ [인질]	تَنْزِلُ [탄질루]

اَلْمُحَادَثَةُ وَالْعِبَارَاتُ

11-3

1 اَلْمُحَادَثَةُ وَالْعِبَارَاتُ

A لَوْسَمَحْتَ، أُرِيدُ أَنْ أَذْهَبَ إِلَى مَكْتَبِ الْبَرِيدِ.
كَيْفَ أَذْهَبُ إِلَى هُنَاكَ؟

B هُوَ بَعِيدٌ عَنْ هُنَا. اِرْكَبِ الْأُوتُوبِيس.

A أَيْنَ مَحَطَّةُ الْأُوتُوبِيس؟

B هِيَ قَرِيبَةٌ مِنْ هُنَا. اِمْشِ إِلَى الْأَمَامِ قَلِيلًا.

A: 실례합니다, 저는 우체국으로 가길 원합니다. 제가 거기로 어떻게 가야 합니까?
B: 그곳은 여기로부터 멉니다. 버스를 타세요.
A: 버스 정류장은 어디에 있습니까?
B: 그곳은 여기로부터 가깝습니다. 조금만 앞으로 걸어가세요.

2 اَلْمُحَادَثَةُ وَالْعِبَارَاتُ

A سَأَذْهَبُ إِلَى سُوقِ نَام دَي مُون مَعَ صَدِيقِي غَدًا.

B كَيْفَ سَتَذْهَبُ إِلَى هُنَاكَ؟

A سَأَذْهَبُ إِلَيْهَا مَعَهُ بِالْأُوتُوبِيس.

B اَلْمِتْرُو أَسْرَعُ مِنَ الْأُوتُوبِيس. اِذْهَبْ مَعَهُ بِالْمِتْرُو.

A: 나는 내일 나의 친구와 함께 남대문 시장으로 갈 겁니다.
B: 당신은 거기로 어떻게 가실 겁니까?
A: 나는 버스를 타고 친구와 함께 그곳으로 갈 겁니다.
B: 지하철이 버스보다 더 빠릅니다. 지하철로 친구와 함께 가세요.

أَسْرَعُ [아쓰라우] 더 빠른 (비교급)

اَلتَّدْرِيبَاتُ

1 다음 대화에서 한국어로 표기된 문장을 아랍어로 쓰고 말해 보세요.

A ....
실례합니다(남), 저는 은행으로 가길 원합니다.

B هُوَ لَيْسَ بَعِيدًا عَنْ هُنَا.

A ....
제가 거기로 어떻게 갑니까?

B اِرْكَبْ سَيَّارَةَ الْأُجْرَةِ.

2 다음 빈칸에 인칭과 성에 맞추어 완료형, 미완료형 동사를 쓰세요.

1인칭(복수)	1인칭(공통)	2인칭(여성)	2인칭(남성)	3인칭(여성)	3인칭(남성)	رَكِبَ (a)
						완료
						미완료

1인칭(복수)	1인칭(공통)	2인칭(여성)	2인칭(남성)	3인칭(여성)	3인칭(남성)	نَزَلَ (i)
						완료
						미완료

3 다음 대화에서 한국어로 표기된 문장을 아랍어로 쓰세요.

A أُرِيدُ أَنْ أَذْهَبَ إِلَى الْمَطَارِ.

B ....
그곳은 여기로부터 가깝습니다. 조금만 앞으로 걸으세요.

A هَلْ مَطْعَمُ النِّيلِ بَعِيدٌ عَنْ هُنَا؟

B ....
네, 그곳은 여기에서 멉니다. 버스를 타고 시내에서 내리세요.

LESSON 12

진료 당신은 어디가 아프십니까?

مَاذَا بِكَ؟

اَلْمُحَادَثَةُ

12-1

هَيْفَاءُ اَلسَّلَامُ عَلَيْكُمْ.
[앗쌀라-무 알라이쿰]

أَحْمَدُ وَعَلَيْكُمُ السَّلَامُ.
[와 알라이쿠뭇 쌀람]

هَيْفَاءُ مَاذَا بِكَ؟ يَبْدُو أَنَّكَ مَرِيضٌ جِدًّا.
[마-다 비카? 야브두- 안나카 마리-둔 짓단]

أَحْمَدُ أَشْعُرُ بِأَلَمٍ شَدِيدٍ فِي الْبَطْنِ وَعِنْدِي صُدَاعٌ أَيْضًا.
[아슈우루 비알라민 샤디-딘 필 바뜨니 와 인디 쑤다-운 아이단]

هَيْفَاءُ هَلْ أَخَذْتَ الدَّوَاءَ؟
[할 아카드탓 다와-아?]

أَحْمَدُ لَا، لَمْ آخُذْهُ بَعْدُ.
[라, 람 아-쿠드후 바으두]

هَيْفَاءُ يَجِبُ أَنْ تَذْهَبَ إِلَى الْمُسْتَشْفَى.
[야지부 안 타드하바 일랄 무쓰타슈파]

أَحْمَدُ لَا أَسْتَطِيعُ أَنْ أَمْشِيَ جَيِّدًا.
[라 아쓰타띠-우 안 암쉬야 자이단]

هَيْفَاءُ خُذْ سَيَّارَةَ الْأُجْرَةِ وَأَتَمَنَّى لَكَ الشِّفَاءَ الْعَاجِلَ.
[쿠드 싸이야-라탈 우즈라티 와 아타만나 라카 쉬파-알 아-질라]

أَحْمَدُ أَلْفُ شُكْرٍ.
[알푸 슈크린]

اَلْكَلِمَاتُ

مَرِيضٌ [마리-둔]	아픈
بَطْنٌ [바뜨눈]	배
صُدَاعٌ [수다-운]	두통
دَوَاءٌ [다와-운]	약
بَعْدُ [바으두]	아직
جَيِّدًا [자이단]	잘

| 해석 |

하이파: 안녕하세요.

아흐마드: 안녕하세요.

하이파: 당신은 어디가 아프십니까? 매우 아파 보입니다.

아흐마드: 나는 배에 심한 통증이 있고 두통 또한 있습니다.

하이파: 당신은 약을 복용하셨습니까?

아흐마드: 아니요, 나는 아직 약을 복용하지 못했습니다.

하이파: 당신은 병원으로 가야만 합니다.

아흐마드: 나는 잘 걸을 수 없습니다.

하이파: 택시를 타세요 그리고 나는 당신께 빨리 회복하기를 희망합니다.

아흐마드: 천 번(굉장히) 고맙습니다.

12-2

| 복용하다 | أَخَذَ (u)

1인칭(복수)	1인칭(공통)	2인칭(여성)	2인칭(남성)	3인칭(여성)	3인칭(남성)	구분
أَخَذْنَا [아카드나]	أَخَذْتُ [아카드투]	أَخَذْتِ [아카드티]	أَخَذْتَ [아카드타]	أَخَذَتْ [아카다트]	أَخَذَ [아카다]	완료
نَأْخُذُ [나으쿠두]	آخُذُ [아-쿠두]	تَأْخُذِينَ [타으쿠디-나]	تَأْخُذُ [타으쿠두]	تَأْخُذُ [타으쿠두]	يَأْخُذُ [야으쿠두]	미완료

| 할 수 있다 | اِسْتَطَاعَ (i)

1인칭(복수)	1인칭(공통)	2인칭(여성)	2인칭(남성)	3인칭(여성)	3인칭(남성)	구분
اِسْتَطَعْنَا [이쓰타따으나]	اِسْتَطَعْتُ [이쓰타따으투]	اِسْتَطَعْتِ [이쓰타따으티]	اِسْتَطَعْتَ [이쓰타따으타]	اِسْتَطَاعَتْ [이쓰타따-아트]	اِسْتَطَاعَ [이쓰타따-아]	완료
نَسْتَطِيعُ [나쓰타띠-우]	أَسْتَطِيعُ [아쓰타띠-우]	تَسْتَطِيعِينَ [타쓰타띠-이-나]	تَسْتَطِيعُ [타쓰타띠-우]	تَسْتَطِيعُ [타쓰타띠-우]	يَسْتَطِيعُ [야쓰타띠-우]	미완료

اَلْقَوَاعِدُ وَالتَّعَابِيرُ

1 مَاذَا عِنْدَكَ؟ : 당신은 어디가 아프십니까?

이 표현의 뜻은 "당신은 무엇을 가지고 있느냐?"이지만 병원에서는 "어디가 아프냐?(무슨 병을 가지고 있느냐?)"로 표현하며 동의 표현으로는 مَاذَا بِكَ؟ [마-다 비카?]라고 합니다.

당신은 어디가 아프십니까? مَاذَا عِنْدَكَ؟
[마-다 인다카?]

당신은 어디가 아프십니까? مَاذَا بِكِ؟
[마-다 비키?]

2 يَبْدُو أَنَّ : ~인 것 같다, ~인 것으로 보인다

يَبْدُو أَنَّ[야브두- 안나]는 영어의 'looks like'와 같은 표현으로 '~인 것 같다, ~인 것으로 보인다'라는 의미입니다. 성이나 인칭 구분 없이 사용하며, 이 표현 뒤에는 명사가 올 수 있습니다.

당신은 오늘 피곤해 보입니다. يَبْدُو أَنَّكَ تَعْبَانُ الْيَوْمَ.
[야브두- 안나카 타으바-눌 야우마]

나의 교수님이 매우 아파 보이신다. يَبْدُو أَنَّهَا أُسْتَاذَتِي مَرِيضَةٌ جِدًّا.
[야드부- 안나하 우쓰타-다티- 마리-돠툰 짓단]

3 أَشْعُرُ بِأَلَمٍ فِي : 나는 ~에 통증을 느낍니다

'느낀다'라는 동사 표현을 사용할 때는 항상 전치사 بِـ[비]를 동반해야 하며, 전치사 فِي[피]에 신체명만 응용하여 무수한 문장을 만들 수 있는 표현이므로 패턴 회화처럼 사용해 보길 바랍니다. 그리고 전치사와 이어지는 명사는 소유격으로 표기해야 합니다.

나는 머리에 통증을 느낍니다.	أَشْعُرُ بِأَلَمٍ فِي الرَّأْسِ. [아슈우루 비알라민 핏 라으씨]
나는 배에 심한 통증을 느낍니다.	أَشْعُرُ بِأَلَمٍ شَدِيدٍ فِي الْبَطْنِ. [아슈우루 비알라민 샤디-딘 필 바뜨니]

4 미완료 동사 단축법 لَمْ

미완료 동사 단축법은 과거를 부정하는 용법이며 미완료 동사와 함께 쓰입니다. لَمْ[람]을 사용할 경우 이어지는 동사의 마지막 모음부호는 2인칭 여성 미완료 동사만 제외하고 ـْ (수쿤)으로 표기합니다. 2인칭 여성 미완료 동사는 마지막 نَ[나]를 탈락시키고 ـِي[이-]로 표기합니다.
또한 لَمْ[람] 사용 시 영어의 'yet'에 해당하는 بَعْدُ[바으두]를 문장 마지막에 붙여 "아직~하지 못했다."라는 표현으로 많이 사용합니다.

나는 아직 이 영화를 보지 못했습니다.	لَمْ أُشَاهِدْ هَذَا الْفِيلْمَ بَعْدُ. [람 우샤-히드 하달 필-마 바으두]
무함마드는 아직 점심을 먹지 못했습니다.	لَمْ يَأْكُلْ مُحَمَّدٌ الْغَدَاءَ بَعْدُ. [람 야으쿨 무함마둘 가다-아 바으두]

5 불규칙 명령형

아랍어 동사 중에 첫 문자가 أ (알리프함자)로 시작하는 동사는 불규칙 명령형입니다. 명령형으로 변화 시 أ (알리프함자)를 제외하고 중간 모음부호는 그대로 유지한 채, 마지막 모음은 상대방이 남성이면 ْ (수쿤), 여성이면 ـِي[이-]를 접미시킵니다.

먹다	복용하다
أَكَلَ [아칼라]	أَخَذَ [아카다]

당신은 배가 고픕니다. 이 음식을 드세요.

أَنْتَ جَوْعَانُ. كُلْ هَذَا الطَّعَامَ.

[안타 자우아-누. 쿨 하닷 따아-마]

당신은 아픕니다. 이 약을 복용하세요.

أَنْتِ مَرِيضَةٌ. خُذِي هَذَا الدَّوَاءَ.

[안티 마리-돠툰. 쿠디- 하닷 다와-아]

6 명사 연결형

명사 연결형은 말 그대로 명사와 명사를 연결시켜 하나의 단어로 만드는 것인데, 복합어나 소유 관계인 단어를 만들 때 쓰이며 주로 외래어를 아랍어로 바꿀 때 많이 사용합니다.

자동차 + 임금 = 택시	سَيَّارَةُ الْأُجْرَةِ = سَيَّارَةٌ + أُجْرَةٌ [싸이야-라툴 우즈라티] = [우즈라툰] + [싸이야라툰]

명사 연결형을 만드는 공식은 다음과 같습니다. (예시와 비교 참고)

1. 정관사 اَلْ[알]은 두 개의 명사 중에 전자 명사(자동차)가 아닌 후자 명사(임금)에 붙입니다.
2. 정관사 اَلْ[알]을 가지고 있는 후자 명사(임금)가 전자 명사(자동차)를 수식합니다. 그리고 수식받은 선행사는 정관사 اَلْ[알]을 붙이지 않지만 마지막 모음부호는 한정 상태를 유지해야 합니다. 명사 연결형을 사용하여 두 개의 어휘가 아닌 한 개의 어휘가 되었으므로 정관사도 한 개만 있어야 하기 때문입니다.
3. 제일 마지막 모음부호는 소유격(한정) ـِ 으로 표기합니다. 이는 명사 연결형을 사용했다는 표시이기도 합니다.

명사 연결형은 비한정으로도 사용할 수 있습니다. 정관사 اَلْ[알]을 제외시키면 비한정이며 마지막 모음부호는 소유격(비한정 탄윈) ـٍ 으로 표기합니다. 하지만 선행사의 한정 상태는 그대로 유지하여야 합니다.

(한) 택시	سَيَّارَةُ أُجْرَةٍ [싸이야-라투 우즈라틴]

명사 연결형에서 한정/비한정의 차이점은 지칭입니다. 예를 들어, 어느 한 택시를 가리키면서 "우리 이 택시를 타자."라고 말한다면 한정이고, "우리 택시 타자."라고 말한다면 어떤 특정 택시를 지칭한 것이 아니므로 비한정입니다.

اَلْمُحَادَثَةُ وَالْعِبَارَاتُ

12-3

❶ اَلْمُحَادَثَةُ وَالْعِبَارَاتُ

A مَاذَا عِنْدَكَ؟

B عِنْدِي صُدَاعٌ شَدِيدٌ.

A خُذْ هَذَا الدَّوَاءَ وَاذْهَبْ إِلَى الْمُسْتَشْفَى.

B شُكْرًا جَزِيلًا.

A: 당신은 어디가 아프십니까?
B: 저는 심한 두통이 있습니다.
A: 이 약을 복용하고 병원으로 가세요.
B: 대단히 감사합니다.

❷ اَلْمُحَادَثَةُ وَالْعِبَارَاتُ

A مَاذَا بِكِ؟

B أَشْعُرُ بِأَلَمٍ فِي الْبَطْنِ وَلَمْ آخُذِ الدَّوَاءَ بَعْدُ.

A اِذْهَبِي إِلَى الصَّيْدَلِيَّةِ. هِيَ قَرِيبَةٌ مِنْ هُنَا.

B شُكْرًا عَلَى الْمُسَاعَدَةِ.

A: 당신은 어디가 아프십니까?
B: 나는 배에 통증을 느끼고 약을 아직 복용하지 못했습니다.
A: 약국으로 가세요. 그곳은 여기로부터 가깝습니다.
B: 도움 고맙습니다.

شُكْرًا[슈크란]을 عَلَى[알라]와 함께 사용하면 "~에 대해 고맙습니다."라는 표현입니다. مُسَاعَدَةٌ[무싸-아다툰]은 '도움'이라는 동명사이며 같이 결합하여 사용할 수 있습니다. شُكْرًا عَلَى[슈크란 알라]를 명사들과 응용하여 패턴 회화처럼 사용해 보세요.

اَلتَّدْرِيبَاتُ

1 다음 대화에서 한국어로 표기된 문장을 아랍어로 쓰고 말해 보세요.

A --
당신(남)은 어디가 아프십니까?

B عِنْدِي أَلَمٌ فِي الرَّأْسِ.

A --
당신(여)은 매우 아파 보입니다.

B نَعَمْ عِنْدِي أَلَمٌ شَدِيدٌ فِي الْبَطْنِ.

2 다음 빈칸에 인칭과 성에 맞추어 완료형, 미완료형 동사를 쓰세요.

أَخَذَ (u)	3인칭(남성)	3인칭(여성)	2인칭(남성)	2인칭(여성)	1인칭(공통)	1인칭(복수)
완료						
미완료						

اِسْتَطَاعَ (i)	3인칭(남성)	3인칭(여성)	2인칭(남성)	2인칭(여성)	1인칭(공통)	1인칭(복수)
완료						
미완료						

3 다음 대화에서 한국어로 표기된 문장을 아랍어로 쓰세요.

A هَلْ أَخَذْتَ الدَّوَاءَ؟

B --
아니요, 나는 아직 약을 복용하지 못했습니다.

A عِنْدِي صُدَاعٌ شَدِيدٌ. لِذَلِكَ، سَأَذْهَبُ إِلَى الْمُسْتَشْفَى الْآنَ.

B --
나는 당신(남)께 빨리 회복하기를 희망합니다.

LESSON

13

여행 당신은 다음 방학에 무엇을 하실 겁니까?

مَاذَا سَتَفْعَلُ فِي الْعُطْلَةِ الْقَادِمَةِ؟

اَلْمُحَادَثَةُ

13-1

مُحَمَّدٌ مَاذَا سَتَفْعَلِينَ فِي الْعُطْلَةِ الْقَادِمَةِ؟

[마-다 싸타프알리-나 필 우뜰라틸 까-디마티?]

جِي يُون سَأُسَافِرُ إِلَى مِصْرَ لِمُدَّةِ أُسْبُوعٍ.

[싸우싸-피루 일라 미쓰라 리뭇다티 우쓰부-인]

مُحَمَّدٌ مَاذَا سَتَزُورِينَ فِيهَا؟

[마-다 싸타주-리-나 피-하?]

جِي يُون سَأَذْهَبُ إِلَى الْقَاهِرَةِ وَسَأَزُورُ الْأَهْرَامَ وَأَبَا الْهَوْلِ.

[싸아드하부 일랄 까-히라티 와 싸아주-룰 아흐라-마 와 아발 하울리]

مُحَمَّدٌ رَائِعَةٌ! أَتَمَنَّى لَكِ وَقْتًا سَعِيدًا.

[라-이아툰! 아타만나 라키 와끄탄 싸이-단]

جِي يُون وَأَنْتَ؟ مَاذَا سَتَفْعَلُ فِي الْعُطْلَةِ الْقَادِمَةِ؟

[와 안타? 마-다 싸타프알루 필 우뜰라틸 까-디마티?]

مُحَمَّدٌ سَأُسَافِرُ إِلَى الْأُرْدُنِّ لِمُدَّةِ أُسْبُوعٍ.

[싸우싸-피루 일랄 우르둔니 리뭇다티 우쓰부-인]

جِي يُون مَاذَا سَتَزُورُ فِيهِ؟

[마-다 싸타주-루 피-히?]

مُحَمَّدٌ سَأَذْهَبُ إِلَى عَمَّانَ وَسَأَزُورُ الْبَتْرَاءَ وَجَرَشَ.

[싸아드하부 일라 암마-나 와 싸아주-룰 바트라-아 와 자라-샤]

جِي يُون مَا شَاءَ اللهُ! أَرْجُو أَنْ تُسَافِرَ سَعِيدًا.

[마샤-알라! 아르주-안 투싸-피라 싸이-단]

اَلْكَلِمَاتُ

عُطْلَةٌ [우뜰라툰]	방학
أُسْبُوعٌ [우쓰부-운]	일주일
أَهْرَامٌ [아흐라-문]	피라미드
أَبُو الْهَوْلِ [아불 하울리]	스핑크스
اَلْبَتْرَاءُ [알바트라-우]	페트라 (유적지)
جَرَشُ [자라슈]	제라쉬 (유적지)

| 해석 |

무함마드: 당신은 다음 방학에 무엇을 하실 겁니까?

지윤: 나는 일주일 동안 이집트로 여행을 갈 겁니다.

무함마드: 당신은 거기서 무엇을 방문하실 겁니까?

지윤: 나는 카이로로 갈 것이고 피라미드와 스핑크스를 방문할 겁니다.

무함마드: 멋지군요! 나는 당신께 즐거운 시간이 되기를 희망합니다.

지윤: 그리고 당신은요? 당신은 다음 방학에 무엇을 하실 겁니까?

무함마드: 나는 일주일 동안 요르단으로 여행을 갈 겁니다.

지윤: 당신은 거기서 무엇을 방문하실 겁니까?

무함마드: 나는 암만으로 갈 것이고 페트라와 제라쉬를 방문할 겁니다.

지윤: 놀랍군요! 나는 당신이 즐거운 여행을 하길 희망합니다.

13-2

| 여행하다 | سَافَرَ (i)

1인칭(복수)	1인칭(공통)	2인칭(여성)	2인칭(남성)	3인칭(여성)	3인칭(남성)	구분
سَافَرْنَا [싸-파르나]	سَافَرْتُ [싸-파르투]	سَافَرْتِ [싸-파르티]	سَافَرْتَ [싸-파르타]	سَافَرَتْ [싸-파라트]	سَافَرَ [싸-파라]	완료
نُسَافِرُ [누싸-피루]	أُسَافِرُ [우싸-피루]	تُسَافِرِينَ [투싸-피리-나]	تُسَافِرُ [투싸-피루]	تُسَافِرُ [투싸-피루]	يُسَافِرُ [유싸-피루]	미완료

| 방문하다 | زَارَ (u)

1인칭(복수)	1인칭(공통)	2인칭(여성)	2인칭(남성)	3인칭(여성)	3인칭(남성)	구분
زُرْنَا [주르나]	زُرْتُ [주르투]	زُرْتِ [주르티]	زُرْتَ [주르타]	زَارَتْ [자-라트]	زَارَ [자-라]	완료
نَزُورُ [나주-루]	أَزُورُ [아주-루]	تَزُورِينَ [타주-리-나]	تَزُورُ [타주-루]	تَزُورُ [타주-루]	يَزُورُ [야주-루]	미완료

اَلْقَوَاعِدُ وَالتَّعَابِيرُ

1 لِمُدَّةِ : ~동안

لِمُدَّةِ[리뭇다티]는 전치사 لِ[리]와 مُدَّةٌ[뭇다툰] '기간'을 합성하여 '~동안'이라고 표현합니다. لِ[리]는 전치사이기 때문에 마지막 모음부호를 소유격으로 표기하여 لِمُدَّةِ[리뭇다티]로 발음합니다.

나는 한 달 동안 모로코로 여행갈 것입니다. سَأُسَافِرُ إِلَى الْمَغْرِبِ لِمُدَّةِ شَهْرٍ.
[싸우싸-피루 일랄 마그리비 리뭇다티 샤흐린]

나는 3일 동안 카타르를 방문했습니다. زُرْتُ قَطَرَ لِمُدَّةِ ثَلَاثَةِ أَيَّامٍ.
[주르투 까따라 리뭇다티 쌀라-싸티 아야-민]

أَيَّامٍ[아야-민]은 '날'이라는 단수명사 يَوْمٌ[야으문]의 복수 형태입니다. 아랍어는 숫자 3부터 복수 취급을 하기 때문에 3 이상의 숫자와 이어지는 명사는 모두 복수형으로 표기해야 합니다. أَيَّامٍ[아야-민]에 숫자(기수)를 같이 활용하여 패턴처럼 사용해 보세요.

2 2격명사

아랍어는 모든 명사가 3격(주격/목적격/소유격)으로 변화할 수 있지만, 2격(주격/목적격)으로만 변화하는 명사들이 있습니다. 격이 2개밖에 없기 때문에 2격명사 또는 쌍격명사라고 부릅니다.

2격명사의 특징은 마지막 자리에 소유격이 없으므로 소유격으로 표기해야 하는 곳에서 모두 목적격으로 표기한다는 점입니다. 예를 들면 전치사와 함께 사용하는 경우를 말합니다.

아랍어에서 2격명사는 매우 많기 때문에 2격명사만 따로 찾아 암기하기는 쉽지 않습니다. 2격명사인지 구분하는 방법은 명사 기본형의 마지막 모음부호가 탄윈 ـٌ[운]이 아닌 ـُ[우]라고 표기되어 있는지 확인하는 것입니다. 아랍어는 명사가 3격으로 변화하려면 마지막 모음부호가 탄윈 ـٌ[운]으로 표기되어 있어야 하기 때문입니다.

나는 지금 이집트에 있다. أَنَا فِي مِصْرَ الْآنَ.
[아나 피 미쓰랄 아-나]

나는 어제 카페에서 파티마와 함께 있었다. كُنْتُ مَعَ فَاطِمَةَ فِي الْمَقْهَى أَمْسِ.
[쿤투 마아 파-띠마타 필 마끄하 암씨]

첫 번째 예문 فِي مِصْرَ[피 미쓰라]에서 فِي[피]가 전치사이기 때문에 명사의 마지막을 소유격으로 표기한 مِصْرِ[미쓰리]가 맞지만 '이집트'는 소유격이 없는 2격명사입니다. 그러므로 مِصْرِ[미쓰리]가 아닌 مِصْرَ[미쓰라]로 표기해야 합니다.

두 번째 예문 مَعَ فَاطِمَةَ[마아 파-띠마타]에서 مَعَ[마아]는 영어의 'with'에 해당하는 전치사입니다. 그러므로 마지막 자리에 소유격으로 표기한 فَاطِمَةِ[파-띠마티]가 맞지만 아랍어에서 여성이름은 모두 2격명사이기 때문에 فَاطِمَةِ[파-띠마티]가 아닌 فَاطِمَةَ[파-띠마타]로 표기해야 합니다.

| 2격명사 주요 국가명과 여성이름 |

튀니지	레바논	오만	카타르	이집트
تُونِسُ [투-니쑤]	لُبْنَانُ [루브나-누]	عُمَانُ [우마-누]	قَطَرُ [까따루]	مِصْرُ [미쓰루]

두아	쑤아드	마르얌	자밀라	파띠마
دُعَاءُ [두아-우]	سُعَادُ [쑤아-두]	مَرْيَمُ [마르야무]	جَمِيلَةُ [자밀-라투]	فَاطِمَةُ [파-띠마투]

위에서 설명했듯이 표에 있는 모든 명사들의 마지막 모음부호는 전부 ـُ[우]라고 표기되어 있습니다. 2격명사는 이렇게 파악하면 되며, 아랍국가명 중 일부만 2격명사이고, 여성이름은 전부 2격명사로 취급합니다.

3 감탄 표현

아랍인들이 가장 많이 사용하는 표현 중에 하나가 바로 감탄 표현입니다. 이 중에 아랍인들이 가장 많이 사용하는 감탄 표현은 مَا شَاءَ اللهُ [마샤-알라]입니다.

의미	감탄 표현
경이롭다!, 놀랍다!	عَجِيبٌ [아지-분]
놀랍다!, 어쩜!	رَائِعٌ [라-이운]
놀랍구나!, 얼마나 좋아!	مَا شَاءَ اللهُ [마샤-알라]
저런!, 어머나!	يَا سَلَامُ [야 쌀라-무]

4 희망 표현

아랍어로 "~하기를 희망합니다."는 명사 또는 동사를 이용해 크게 2가지로 표현합니다.

나는 당신께 즐거운 여행이 되기를 희망합니다.	أَتَمَنَّى لَكَ رِحْلَةً سَعِيدَةً. [아타만나 라카 리흘라탄 싸이-다탄]
나는 우리가 다시 만나기를 희망합니다.	أَرْجُو أَنْ نُقَابِلَ مَرَّةً أُخْرَى. [아르주- 안 누까-빌라 마르라탄 우크라-]

첫 번째 예문은 명사를 사용하여 표현하는 방법입니다. أَتَمَنَّى لَكَ[아타만나 라카]에 상대방의 성과 인칭에 맞추어 접미인칭대명사만 바꾸어 사용하고 그 뒤에 말하고자 하는 명사와 형용사를 조합하여 말하면 됩니다.

두 번째 예문은 동사를 사용하여 표현하는 방법입니다. أَرْجُو أَنْ[아르주-안]에서 أَنْ[안]은 접속사이며, 접속사에는 항상 동사만 사용 가능합니다. 동사는 인칭에 맞게 사용하면 됩니다. 두 개의 표현을 패턴 회화처럼 활용하여 많은 어휘와 동사를 함께 사용해 보세요.

اَلْمُحَادَثَةُ وَالْعِبَارَاتُ

13-3

❶ اَلْمُحَادَثَةُ وَالْعِبَارَاتُ

A مَاذَا فَعَلْتَ فِي الْعُطْلَةِ الْمَاضِيَةِ؟

B ذَهَبْتُ إِلَى مِصْرَ وَزُرْتُ الْأَهْرَامَ وَأَبَا الْهَوْلِ.

A مَا شَاءَ اللهُ! كَيْفَ كَانَتْ رِحْلَتُكَ؟

B اَلرِّحْلَةُ كَانَتْ مُمْتَازَةً جِدًّا.

A: 당신은 지난 방학에 무엇을 했습니까?
B: 나는 이집트에 갔었고 스핑크스와 피라미드를 방문했습니다.
A: 놀랍군요! 당신의 여행은 어땠습니까?
B: 여행은 정말 멋졌습니다.

مَاضِيَةٌ [마-뒤야툰]	지난
مُمْتَازَةٌ [뭄타-자툰]	멋진, 훌륭한

❷ اَلْمُحَادَثَةُ وَالْعِبَارَاتُ

A مَاذَا سَتَفْعَلُ فِي الْعُطْلَةِ الْقَادِمَةِ؟

B سَأُسَافِرُ إِلَى الْأُرْدُنِّ لِمُدَّةِ خَمْسَةِ أَيَّامٍ وَسَأَزُورُ الْبَتْرَاءَ وَجَرَشَ.

A رَائِعٌ! أَتَمَنَّى لَكَ رِحْلَةً سَعِيدَةً.

B شُكْرًا عَلَى كَلَامِكَ.

A: 당신은 다음 방학에 무엇을 하실 겁니까?
B: 나는 5일동안 요르단을 여행할 것이고 페트라와 제라쉬를 방문할 겁니다.
A: 멋지군요! 나는 당신께 즐거운 여행이 되기를 희망합니다.
B: 당신의 말씀 감사합니다.

팁 كَلَامِكَ[칼라-미카]는 '말씀'이라는 의미인 كَلَامٌ[칼라-문]에 접미인칭대명사 كَ[카]를 접미시켜 사용한 것입니다. شُكْرًا عَلَى[슈크란 알라]와 명사들을 사용해 패턴 회화처럼 활용해 보세요.

اَلتَّدْرِيبَاتُ

1 다음 대화에서 한국어로 표기된 문장을 아랍어로 쓰고 말해 보세요.

A --
당신(남)은 다음 방학에 무엇을 하실 겁니까?

B سَأُسَافِرُ إِلَى مِصْرَ لِمُدَّةِ أُسْبُوعٍ.

A --
당신(여)은 지난 방학에 무엇을 했습니까?

B سَافَرْتُ إِلَى الْأُرْدُنِّ لِمُدَّةِ ثَلَاثَةِ أَيَّامٍ.

2 다음 빈칸에 인칭과 성에 맞추어 완료형, 미완료형 동사를 쓰세요.

سَافَرَ (i)	3인칭(남성)	3인칭(여성)	2인칭(남성)	2인칭(여성)	1인칭(공통)	1인칭(복수)
완료						
미완료						

زَارَ (u)	3인칭(남성)	3인칭(여성)	2인칭(남성)	2인칭(여성)	1인칭(공통)	1인칭(복수)
완료						
미완료						

3 다음 대화에서 한국어로 표기된 문장을 아랍어로 쓰세요.

A سَأَذْهَبُ إِلَى الْقَاهِرَةِ وَسَأَزُورُ الْأَهْرَامَ وَأَبَا الْهَوْلِ.

B --
나는 당신(남)께 즐거운 여행이 되기를 희망합니다.

A مَا شَاءَ اللهُ! أَرْجُو أَنْ تُسَافِرَ سَعِيدًا.

B --
당신(남)의 말씀 감사합니다.

LESSON 14

초대 생일 축하합니다.

عِيدُ مِيلَادٍ سَعِيدٌ.

اَلْمُحَادَثَة

14-1

مَرْوَة مَرْحَبًا. كَيْفَ حَالُكِ؟

[마르하반. 케이파 할루키?]

سُومِي مَرْحَبًا. أَنَا بِخَيْرٍ، اَلْحَمْدُ لِلهِ.

[마르하반. 아나 비카이린, 알함두릴라]

مَرْوَة هَلْ عِنْدَكِ مَوْعِدٌ فِي يَوْمِ السَّبْتِ؟

[할 인다키 마우이둔 피 야우밋 쌉티?]

سُومِي لَا، لَيْسَ عِنْدِي مَوْعِدٌ فِي يَوْمِ السَّبْتِ. لِمَاذَا؟

[라, 라이싸 인디 마우이둔 피 야우밋 쌉티. 리마-다?]

مَرْوَة لِأَنَّنِي، أُرِيدُ أَنْ أَدْعُوكِ إِلَى الْبَيْتِ.

[리안나니, 우리-두 안 아드우와키 일랄 바이티]

سُومِي أَشْكُرُكِ عَلَى الدَّعْوَةِ لَكِنْ مَا الْمُنَاسَبَةُ؟

[아슈쿠루키 알랏 다우와티 라킨 말 무나- 싸바투?]

مَرْوَة فِي يَوْمِ السَّبْتِ عِيدُ مِيلَادِي.

[피 야우밋 쌉티 이-두 밀-라-디-]

سُومِي حَقًّا؟ سَأُحْضِرُ هَدِيَّةً جَمِيلَةً ذَلِكَ الْيَوْمِ.

[하깐? 싸우흐뒤루 하디야탄 자밀-라탄 달리칼 야우미]

مَرْوَة شُكْرًا جَزِيلًا.

[슈크란 자질-란]

سُومِي هَذَا وَاجِبٌ. عِيدُ مِيلَادٍ سَعِيدٌ وَكُلُّ عَامٍ وَأَنْتِ بِخَيْرٍ.

[하다 와-지분. 이-두 밀-라-딘 싸이-둔 와 쿨루 아-민 와 안티 비카이린]

اَلْكَلِمَاتُ

토요일	يَوْمُ السَّبْتِ	[야우뭇 쌉티]
일, 행사	اَلْمُنَاسَبَةُ	[알무나-싸바투]
생일	عِيدُ مِيلَادٍ	[이-두 밀-라-딘]
선물	هَدِيَّةٌ	[하디야툰]
그날	ذَلِكَ الْيَوْمِ	[달리칼 야우미]
의무	وَاجِبٌ	[와-지분]

| 해석 |

마르와: 안녕하세요. 당신은 잘 지내십니까?

수미: 안녕하세요. 나는 하느님 덕택에 잘 지냅니다.

마르와: 당신은 토요일에 약속이 있습니까?

수미: 아니요, 나는 토요일에 약속이 없습니다. 왜요?

마르와: 왜냐하면, 나는 집으로 당신을 초대하길 원합니다.

수미: 나는 초대에 대해 당신께 고맙습니다만 무슨 일(행사)입니까?

마르와: 토요일은 나의 생일입니다.

수미: 정말요? 나는 그날 예쁜 선물을 가져가겠습니다.

마르와: 대단히 고맙습니다.

수미: 이것은 의무입니다(별것 아니라는 의미). 생일 축하하고 당신이 매년 잘 지내길 바랍니다.

14-2

| 초대하다 | دَعَا (u)

1인칭(복수)	1인칭(공통)	2인칭(여성)	2인칭(남성)	3인칭(여성)	3인칭(남성)	구분
دَعَوْنَا [다아으나]	دَعَوْتُ [다아으투]	دَعَوْتِ [다아으티]	دَعَوْتَ [다아으타]	دَعَتْ [다아트]	دَعَا [다아-]	완료
نَدْعُو [나드우-]	أَدْعُو [아드우-]	تَدْعِينَ [타드이-나]	تَدْعُو [타드우-]	تَدْعُو [타드우-]	يَدْعُو [야드우-]	미완료

| 고마워하다 | شَكَرَ (u)

1인칭(복수)	1인칭(공통)	2인칭(여성)	2인칭(남성)	3인칭(여성)	3인칭(남성)	구분
شَكَرْنَا [샤카르나]	شَكَرْتُ [샤카르투]	شَكَرْتِ [샤카르티]	شَكَرْتَ [샤카르타]	شَكَرَتْ [샤카라트]	شَكَرَ [샤카라]	완료
نَشْكُرُ [나슈쿠루]	أَشْكُرُ [아슈쿠루]	تَشْكُرِينَ [타슈쿠리-나]	تَشْكُرُ [타슈쿠루]	تَشْكُرُ [타슈쿠루]	يَشْكُرُ [야슈쿠루]	미완료

اَلْقَوَاعِدُ وَالتَّعَابِيرُ

1 요일 표현

일요일부터 목요일까지는 숫자 기수(1-5/103p 참조)와 같이 비교해서 보면 수월하게 학습할 수 있으므로 금요일, 토요일만 암기하면 됩니다. 금요일의 الْجُمْعَةِ[주므아티]는 '모임'이라는 의미가 있어 '기도의 날'이고, 토요일의 السَّبْتِ[쌉티]는 '안식'이라는 의미가 있어 '휴일'입니다.

يَوْمُ الْأَحَدِ [야우뭄 아하디]	일요일
يَوْمُ الْإِثْنَيْنِ [야우뭄 이쓰나이니]	월요일
يَوْمُ الثُّلَاثَاءِ [야우뭇 쑬라-싸-이]	화요일
يَوْمُ الْأَرْبِعَاءِ [야우뭄 아르비아-이]	수요일
يَوْمُ الْخَمِيسِ [야우뭄 카미-씨]	목요일
يَوْمُ الْجُمْعَةِ [야우뭄 주므아티]	금요일
يَوْمُ السَّبْتِ [야우뭇 쌉티]	토요일

아랍국가들은 우리나라나 서양권과 비교했을 때 요일 체계가 다릅니다. 우리는 월요일부터 금요일까지 일과를 진행하고 토/일을 쉬는 반면, 대부분의 아랍국가들은 일요일부터 목요일까지 일과를 진행하고 금/토를 쉽니다. (일부 국가 중에는 토/일이 휴일인 곳도 있습니다.)

2 약동사

아랍어 문자 중 ا، و، ي 를 약문자라고 하는데, 이 중에 최소 한 개 이상의 문자가 포함되어 사용된 동사를 약동사라고 합니다. 이번 과에서는 초급 과정에서 많이 쓰이는 دَعَا[다아-], كَانَ[카-나], زَارَ[자-라]를 예로 살펴보겠습니다.

| 초대하다 | كَانَ (u)

1인칭(복수)	1인칭(공통)	2인칭(여성)	2인칭(남성)	3인칭(여성)	3인칭(남성)	구분
كُنَّا [쿤나]	كُنْتُ [쿤투]	كُنْتِ [쿤티]	كُنْتَ [쿤타]	كَانَتْ [카-나트]	كَانَ [카-나]	완료
نَكُونُ [나쿠-누]	أَكُونُ [아쿠-누]	تَكُونِينَ [타쿠-니-나]	تَكُونُ [타쿠-누]	تَكُونُ [타쿠-누]	يَكُونُ [야쿠-누]	미완료

| 방문하다 | زَارَ (u)

1인칭(복수)	1인칭(공통)	2인칭(여성)	2인칭(남성)	3인칭(여성)	3인칭(남성)	구분
زُرْنَا [주르나]	زُرْتُ [주르투]	زُرْتِ [주르티]	زُرْتَ [주르타]	زَارَتْ [자-라트]	زَارَ [자-라]	완료
نَزُورُ [나주-루]	أَزُورُ [아주-루]	تَزُورِينَ [타주-리-나]	تَزُورُ [타주-루]	تَزُورُ [타주-루]	يَزُورُ [야주-루]	미완료

나는 내일 바쁠 겁니다.

سَأَكُونُ مَشْغُولًا غَدًا.

[싸아쿠-누 마슈굴-란 가단]

سَيَزُورُ حَمِيدٌ الْكُوَيْتَ مَعَ أُسْرَتِهِ فِي الشَّهْرِ الْقَادِمِ.

[싸야주루 하미-둘 쿠와이타 마아 우쓰라티히 핏 샤흐릴 까-디미]

하미드는 다음달에 그의 가족과 함께 쿠웨이트를 방문할 것입니다.

دَعَا[다아-], كَانَ[카-나], زَارَ[자-라] 동사원형들에 모두 ا 약문자가 포함되어 있고 ا 약문자는 미완료 변화 시 모두 و 로 변합니다. (دَعَا[다아-]는 141p 참고)

3 مَا الْمُنَاسَبَةُ: 무슨 일(행사)입니까?

مَا الْمُنَاسَبَةُ[말 무나-싸바투]는 "무슨 일(행사)입니까?"라는 의미이며, 여기서 الْمُنَاسَبَةُ [알무나-싸바투]는 '일, 행사'라는 의미입니다.

무슨 일(행사)입니까? مَا الْمُنَاسَبَةُ؟
[말 무나-싸바투?]

나는 파티가 있습니다. عِنْدِي حَفْلَةٌ.
[인디 하플라툰]

4 생일 축하 표현

아랍어에서 생일은 عِيدُ[이-두] '기념일' + مِيلَادٍ[밀-라-딘] '출생' = '생일'로 표현합니다. 여기서 سَعِيدٌ[싸이-둔] '행복한'을 같이 사용하여 "생일 축하합니다."라고 표현합니다.

생일 축하합니다. عِيدُ مِيلَادٍ سَعِيدٌ.
[이-두 밀-라-딘 싸이-둔]

당신이 매년 잘 지내길 바랍니다. كُلُّ عَامٍ وَأَنْتَ بِخَيْرٍ.
[쿨루 아-민 와 안타 비카이린]

두 번째 문장은 "생일 축하합니다."와 함께 사용하는 축하 표현입니다. كُلُّ عَامٍ [쿨루 아-민] '매년' + 독립인칭대명사 + بِخَيْرٍ[비카이린] 순으로 표기하는데, 이 문장의 틀은 유지한 채 상대방의 인칭과 성에 맞추어 2인칭 독립인칭대명사만 사용하여 표현합니다.

اَلْمُحَادَثَةُ وَالْعِبَارَاتُ

14-3

❶ اَلْمُحَادَثَةُ وَالْعِبَارَاتُ

A أُرِيدُ أَنْ أَدْعُوَكَ إِلَى الْبَيْتِ.

B أَشْكُرُكَ عَلَى الدَّعْوَةِ لَكِنْ مَا الْمُنَاسَبَةُ؟

A فِي يَوْمِ السَّبْتِ عِيدُ مِيلَادِي.

B عِيدُ مِيلَادٍ سَعِيدٌ وَكُلُّ عَامٍ وَأَنْتَ بِخَيْرٍ.

A: 나는 당신을 집으로 초대하길 원합니다.
B: 나는 초대에 대해 당신께 감사드리지만 무슨 일입니까?
A: 토요일은 나의 생일입니다.
B: 생일 축하합니다 그리고 당신이 매년 잘 지내길 바랍니다.

❷ اَلْمُحَادَثَةُ وَالْعِبَارَاتُ

A هَلْ عِنْدَكِ مَوْعِدٌ فِي يَوْمِ الْأَحَدِ؟

B نَعَمْ، عِنْدِي مَوْعِدٌ فِي ذَلِكَ الْيَوْمِ. لِمَاذَا؟

A لِأَنَّنِي، أُرِيدُ أَنْ أَذْهَبَ مَعَكِ إِلَى مَرْكَزِ التَّسَوُّقِ.
مَتَى عِنْدَكِ وَقْتٌ؟

B عِنْدِي وَقْتٌ فِي يَوْمِ الْأَحَدِ الْقَادِمِ.

A: 당신은 일요일에 약속이 있습니까?
B: 네, 나는 그날에 약속이 있습니다. 왜요?
A: 왜냐하면, 나는 당신과 함께 쇼핑센터로 가길 원합니다. 당신은 언제 시간이 있습니까?
B: 나는 다음주 일요일에 시간이 있습니다.

쇼핑 센터	مَرْكَزُ التَّسَوُّقِ	[마르카즛 타쌋우꾸]
시간	وَقْتٌ	[와끄툰]

اَلتَّدْرِيبَاتُ

1 다음 대화에서 한국어로 표기된 문장을 아랍어로 쓰고 말해 보세요.

A --
당신(남)은 토요일에 약속이 있습니까?

B لَا، لَيْسَ عِنْدِي مَوْعِدٌ فِي يَوْمِ السَّبْتِ.

A --
나는 집으로 당신(여)을 초대하길 원합니다.

B شُكْرًا عَلَى الدَّعْوَةِ.

2 다음 빈칸에 인칭과 성에 맞추어 완료형, 미완료형 동사를 쓰세요.

1인칭(복수)	1인칭(공통)	2인칭(여성)	2인칭(남성)	3인칭(여성)	3인칭(남성)	دَعَا (u)
						완료
						미완료

1인칭(복수)	1인칭(공통)	2인칭(여성)	2인칭(남성)	3인칭(여성)	3인칭(남성)	شَكَرَ (u)
						완료
						미완료

3 다음 대화에서 한국어로 표기된 문장을 아랍어로 쓰세요.

A فِي يَوْمِ الْخَمِيسِ عِيدُ مِيلَادِي.

B --
정말요? 생일 축하합니다.

A أُرِيدُ أَنْ أَدْعُوَكَ لِحَفْلَةِ عِيدِ مِيلَادِي.

B --
당신(남)의 초대에 감사하고 당신이 매년 잘 지내길 바랍니다.

Appendix

준비학습 (1) 연습문제

1

ك + و + ر + ي + ا	كوريا
م + ك + ت + ب	مكتب
ك + ت + ا + ب	كتاب
ف + ن + ج + ا + ن	فنجان
أ + م + ر + ي + ك + ا	أمريكا

2

소유격	목적격	주격	격변화
فِ	بَ	جُ	알파벳 + 모음부호
[파 + 이 = 피]	[바 + 아 = 바]	[쥠 + 우 = 주]	발음
إِ	تَ	نُ	알파벳 + 모음부호
[알리프함자 + 이 = 이]	[타 + 아 = 타]	[눈 + 우 = 누]	발음
سِ	طَ	غُ	알파벳 + 모음부호
[씬 + 이 = 씨]	[따 + 아 = 따]	[가인 + 우 = 구]	발음

3

طالب	ط + ا + ل + ب
هاتف	ه + ا + ت + ف
قلم	ق + ل + م
سرير	س + ر + ي + ر
رجل	ر + ج + ل

준비학습 (2) 연습문제

1

سَ + بْ + بُ + و + رَ + ةٌ	سَبُّورَةٌ
مُ + وَ + ظْ + ظَ + فٌ	مُوَظَّفٌ
مُ + مَ + رْ + رِ + ضَ + ةٌ	مُمَرِّضَةٌ

2 ②

해설 태양문자는 명사 어두에 위치한 문자이며, 그 문자가 정관사와 함께 쓰이면 태양문자에 ـّ (샷다)를 붙입니다. ②에서 어두에 위치한 اَلدَّرْسُ는 태양문자에 해당합니다.

태양문자는 ت ث د ذ ر ز س ش ص ض ط ظ ل ن 로 총 14개입니다.

3

성 / 발음	명사	성 / 발음	명사
남성 [쿠-분]	كُوبٌ	여성 [딸-리바툰]	طَالِبَةٌ
여성 [밀아까툰]	مِلْعَقَةٌ	여성 [디라-싸툰]	دِرَاسَةٌ
여성 [따-윌라툰]	طَاوِلَةٌ	남성 [라디-둔]	لَذِيذٌ
남성 [쑤알-룬]	سُؤَالٌ	남성 [슙바-쿤]	شُبَّاكٌ
남성 [아-씨푼]	آسِفٌ	여성 [자밀-라툰]	جَمِيلَةٌ

해답

LESSON 01

1

وَعَلَيْكُمُ السَّلَامُ	اَلسَّلَامُ عَلَيْكُمْ
صَبَاحَ النُّورِ	صَبَاحَ الْخَيْرِ
مَسَاءَ النُّورِ	مَسَاءَ الْخَيْرِ
أَهْلًا بِكَ / بِكِ	أَهْلًا وَسَهْلًا
مَرْحَبًا	مَرْحَبًا

2

فُرْصَةٌ سَعِيدَةٌ	만나서 반가웠습니다.
إِلَى اللِّقَاءِ	또 봅시다.
مَعَ السَّلَامَةِ	안녕히 가세요.

3

لَيْلَى اَلسَّلَامُ عَلَيْكُمْ.

حَامِدٌ وَعَلَيْكُمُ السَّلَامُ.

لَيْلَى كَيْفَ حَالُكَ؟

حَامِدٌ أَنَا بِخَيْرٍ، اَلْحَمْدُ للهِ.

라일라: 안녕하세요.

하미드: 안녕하세요.

라일라: 당신은 잘 지내십니까?

하미드: 저는 하느님 덕택에 잘 지냅니다.

1 해설 독립인칭대명사와 접미인칭대명사는 1인칭을 제외하고 상대방의 성과 인칭에 맞추어 사용해야 합니다. 또한 지시대명사는 사물의 성에 맞추어 사용합니다.

فَاطِمَةُ	مَا اسْمُكَ؟
حَامِدٌ	اِسْمِي حَامِدٌ. وَأَنْتِ؟
فَاطِمَةُ	اِسْمِي فَاطِمَةُ. مَا هَذِهِ؟
حَامِدٌ	هَذِهِ حَقِيبَةٌ.

파티마: 당신(남)의 이름은 무엇입니까?

하미드: 나의 이름은 하미드입니다. 그리고 당신(여)은요?

파티마: 나의 이름은 파티마입니다. 이것(여)은 무엇입니까?

하미드: 이것은 가방입니다.

2 ③

해설 빈칸 앞의 عَلَى는 '위에'라는 전치사입니다. 전치사를 사용하면 이어지는 명사의 마지막 모음부호는 소유격으로 표기해 줍니다.

لَيْلَى	مَاذَا عَلَى الْمَائِدَةِ؟
حَامِدٌ	اَلشَّوْكَةُ عَلَى الْمَائِدَةِ.

라일라: 식탁 위에는 무엇이 있습니까?

하미드: 포크가 식탁 위에 있습니다.

3

A	أَيْنَ كِتَابُكَ؟
B	كِتَابِي فِي الْحَقِيبَةِ.

A: 당신(남) 책은 어디에 있습니까?

B: 나의 책은 가방에 있습니다.

A	أَيْنَ سَيَّارَتُكِ؟
B	سَيَّارَتِي أَمَامَ الْبَيْتِ.

A: 당신(여) 자동차는 어디에 있습니까?

B: 나의 자동차는 집 앞에 있습니다.

LESSON 03

1

سُومِي	مِنْ أَيْنَ أَنْتَ؟
مَحْمُودٌ	أَنَا مِنَ الْعِرَاقِ. مِنْ أَيْنَ أَنْتِ؟
سُومِي	أَنَا مِنْ كُورِيَا الْجَنُوبِيَّةِ.

수미: 당신(남)은 어디에서 왔습니까?

마흐무드: 나는 이라크에서 왔습니다. 당신(여)은 어디에서 왔습니까?

수미: 나는 한국에서 왔습니다.

2

여성	남성	국가명
عِرَاقِيَّةٌ [이라-끼야툰]	عِرَاقِيٌّ [이라-끼윤]	اَلْعِرَاقُ [알이라-끄] 이라크
سُورِيَّةٌ [수-리야툰]	سُورِيٌّ [수-리윤]	سُورِيَا [수-리야] 시리아
مِصْرِيَّةٌ [미쓰리야툰]	مِصْرِيٌّ [미쓰리윤]	مِصْرُ [미쓰르] 이집트
مَغْرِبِيَّةٌ [마그리비야툰]	مَغْرِبِيٌّ [마그리비윤]	اَلْمَغْرِبُ [알마그립] 모로코
إِمَارَاتِيَّةٌ [이마-라-티야툰]	إِمَارَاتِيٌّ [이마-라-티윤]	اَلْإِمَارَاتُ [알이마-라-트] 아랍에미리트

3

A مَا عَمَلُكَ؟

B أَنَا طَالِبٌ فِي الْجَامِعَةِ.

A: 당신(남)의 직업은 무엇입니까?

B: 나는 대학생입니다.

A مَا عَمَلُكِ؟

B أَنَا مُوَظَّفَةٌ فِي الشَّرِكَةِ.

A: 당신(여)의 직업은 무엇입니까?

B: 나는 회사원입니다.

1

A	هَلْ أَبُوكَ أُسْتَاذٌ؟
B	نَعَمْ، هُوَ أُسْتَاذٌ.
A	هَلْ أُمُّكِ طَبِيبَةٌ؟
B	لَا، هِيَ مُمَرِّضَةٌ.

A: 당신(남)의 아버지는 교수입니까?

B: 네, 그는 교수입니다.

A: 당신(남)의 어머니는 의사입니까?

B: 아니요, 그녀는 간호사입니다.

2 ①

해설 هَلْ [할]은 의문사로 '~입니까?'라는 의미이며, 답변 첫 머리에 نَعَمْ[나암], لَا [라] 중에 하나를 사용해야 합니다. 또한 평서문을 의문문으로 만들 때 사용되기도 합니다.

A	هَلْ أَنْتَ طَالِبٌ؟
B	لَا، أَنَا أُسْتَاذٌ.

A: 당신(남)은 학생입니까?

B: 아니요, 나는 교수입니다.

3 해설 لَيْسَ[라이싸] 명사문 부정을 사용할 때는 주어의 인칭과 성에 맞추어 사용합니다. 첫 번째 빈칸에서는 3인칭 남성인 لَيْسَ[라이싸] 원형을 사용하였는데, 이는 주어에 3인칭 독립인칭대명사인 هُوَ [후와]가 있기 때문입니다. 주어가 3인칭 남성이므로 لَيْسَ[라이싸] 3인칭 남성(원형)을 사용하였습니다. 또한 لَيْسَ[라이싸] 명사문 부정을 사용하면 이어지는 명사의 마지막 모음부호는 비한정 목적격으로 표기해야 합니다.

두 번째 빈칸에서는 1인칭인 لَسْتُ[라쓰투]를 사용하였습니다. 이는 위 문장에서 2인칭 남성인 أَنْتَ[안타]로 물어 봤으므로 답변에는 1인칭이 필요하기 때문입니다. 또한 لَيْسَ[라이싸] 명사문 부정을 사용했으므로 이어지는 명사의 마지막 자리에 비한정 목적격을 표기해야 합니다.

لَيْسَ[라이싸] 명사문 부정은 인칭 공식 [동사원형 – 트 – 타 – 티 – 투]와 비한정 목적격 표기 문법만 숙지하여 활용하면 됩니다.

A	هَلْ هُوَ مُدَرِّسٌ؟
B	لَا، هُوَ لَيْسَ مُدَرِّسًا.
A	هَلْ أَنْتَ مُهَنْدِسٌ؟
B	لَا، لَسْتُ مُهَنْدِسًا.

A: 그는 선생님입니까?

B: 아니요, 그는 선생님이 아닙니다.

A: 당신(남)은 기술자입니까?

B: 아니요, 나는 기술자가 아닙니다.

LESSON 05

1

A	أَيْنَ كُنْتَ أَمْسِ؟
B	كُنْتُ فِي الْبَيْتِ أَمْسِ.

A: 당신(남)은 어제 어디에 있었습니까?

B: 나는 어제 집에 있었습니다.

A	كَيْفَ الْجَوُّ الْيَوْمَ؟
B	اَلْجَوُّ مُمْطِرٌ وَغَائِمٌ الْيَوْمَ.

A: 오늘 날씨는 어떠합니까?

B: 오늘 날씨는 비가 오고 흐립니다.

2 ②

해설 시제보조동사 كَانَ[카-나]를 사용하면 술어는 비한정 목적격으로 표기합니다.

A	كَيْفَ كَانَ الْجَوُّ أَمْسِ؟
B	كَانَ الْجَوُّ مُشْمِسًا أَمْسِ.

A: 어제 날씨는 어떠했습니까?

B: 어제 날씨는 해가 났습니다.

3

A	هَذَا الْكِتَابُ مُنَاسِبٌ لِلدِّرَاسَةِ جِدًّا.
B	أَنَا مُوَافِقٌ / مُوَافِقَةٌ.

A: 이 책은 공부용으로 매우 적합합니다.

B: 나는 동의합니다.

A	كَيْفَ سَيَكُونُ الْجَوُّ غَدًا؟
B	سَيَكُونُ الْجَوُّ بَارِدًا غَدًا.

A: 내일 날씨는 어떠합니까?

B: 내일 날씨는 추울 것입니다.

1

A	مَاذَا يَفْعَلُ الْآنَ؟
B	هُوَ يَدْرُسُ اللُّغَةَ الْكُورِيَّةَ الْآنَ.
A	مَاذَا سَتَفْعَلُ غَدًا؟
B	هِيَ سَتَعْمَلُ فِي الشَّرِكَةِ غَدًا.

A: 그는 지금 무엇을 합니까?

B: 그는 지금 한국어를 공부합니다.

A: 그녀는 내일 무엇을 합니까?

B: 그녀는 내일 회사에서 일할 것입니다.

2

1인칭(복수)	1인칭(공통)	2인칭(여성)	2인칭(남성)	3인칭(여성)	3인칭(남성)	دَرَسَ (u)
دَرَسْنَا [다라쓰나]	دَرَسْتُ [다라쓰투]	دَرَسْتِ [다라쓰티]	دَرَسْتَ [다라쓰타]	دَرَسَتْ [다라싸트]	دَرَسَ [다라싸]	완료
نَدْرُسُ [나드루쑤]	أَدْرُسُ [아드루쑤]	تَدْرُسِينَ [타드루씨-나]	تَدْرُسُ [타드루쑤]	تَدْرُسُ [타드루쑤]	يَدْرُسُ [야드루쑤]	미완료

1인칭(복수)	1인칭(공통)	2인칭(여성)	2인칭(남성)	3인칭(여성)	3인칭(남성)	عَمِلَ (a)
عَمِلْنَا [아밀나]	عَمِلْتُ [아밀투]	عَمِلْتِ [아밀티]	عَمِلْتَ [아밀타]	عَمِلَتْ [아밀라트]	عَمِلَ [아밀라]	완료
نَعْمَلُ [나으말루]	أَعْمَلُ [아으말루]	تَعْمَلِينَ [타으말리-나]	تَعْمَلُ [타으말루]	تَعْمَلُ [타으말루]	يَعْمَلُ [야으말루]	미완료

3

A مَاذَا فَعَلْتَ أَمْسِ؟

B دَرَسْتُ اللُّغَةَ الْعَرَبِيَّةَ فِي الْغُرْفَةِ أَمْسِ.

A: 당신(남)은 어제 무엇을 했습니까?

B: 나는 어제 방에서 아랍어를 공부했습니다.

A مَتَى سَنَلْتَقِي؟

B سَنَلْتَقِي مَرَّةً ثَانِيَةً غَدًا. إِنْ شَاءَ اللهُ.

A: 우리는 언제 만납니까?

B: 우리 내일 다시 만납시다. 하느님이 원하신다면.

LESSON 07

1

A هَلْ عِنْدَكَ مَوْعِدٌ غَدًا؟

B نَعَمْ، عِنْدِي مَوْعِدٌ غَدًا.

A: 당신(남)은 내일 약속이 있습니까?

B: 네, 나는 내일 약속이 있습니다.

A مَا رَأْيُكِ فِي هَذَا الْكِتَابِ؟

B هَذَا الْكِتَابُ مُفِيدٌ جِدًّا.

A: 당신(여)은 이 책을 어떻게 생각합니까?

B: 이 책은 정말 유용합니다.

* مُفِيدٌ[무피-둔]: 유용한

2

1인칭(복수)	1인칭(공통)	2인칭(여성)	2인칭(남성)	3인칭(여성)	3인칭(남성)	أَرَادَ (i)
أَرَدْنَا [아라드나]	أَرَدْتُ [아라드투]	أَرَدْتِ [아라드티]	أَرَدْتَ [아라드타]	أَرَادَتْ [아라-다트]	أَرَادَ [아라-다]	완료
نُرِيدُ [누리-두]	أُرِيدُ [우리-두]	تُرِيدِينَ [투리-디-나]	تُرِيدُ [투리-두]	تُرِيدُ [투리-두]	يُرِيدُ [유리-두]	미완료

1인칭(복수)	1인칭(공통)	2인칭(여성)	2인칭(남성)	3인칭(여성)	3인칭(남성)	ذَهَبَ (a)
ذَهَبْنَا [다합나]	ذَهَبْتُ [다합투]	ذَهَبْتِ [다합티]	ذَهَبْتَ [다합타]	ذَهَبَتْ [다하바트]	ذَهَبَ [다하바]	완료
نَذْهَبُ [나드하부]	أَذْهَبُ [아드하부]	تَذْهَبِينَ [타드하비-나]	تَذْهَبُ [타드하부]	تَذْهَبُ [타드하부]	يَذْهَبُ [야드하부]	미완료

3

A إِلَى أَيْنَ تُرِيدُ أَنْ تَذْهَبَ؟

B أُرِيدُ أَنْ أَذْهَبَ إِلَى الْمَكْتَبَةِ.

A: 당신(남)은 어디로 가길 원합니까?

B: 나는 서점으로 가길 원합니다.

A أُرِيدُ أَنْ أَدْرُسَ لُغَةً أَجْنَبِيَّةً.

B يَجِبُ أَنْ تَدْرُسِي اللُّغَةَ الْكُورِيَّةَ.

A: 나는 외국어를 공부하길 원합니다.

B: 당신(여)은 한국어를 공부해야만 합니다.

* لُغَةٌ[루가탄]: 언어
* أَجْنَبِيَّةٌ[아즈나비야탄]: 외국의
* يَجِبُ أَنْ[야지부 안]: ~해야만 한다.

LESSON 08

1

A	هَلْ عِنْدَكَ قَائِمَةُ الطَّعَامِ؟
B	نَعَمْ، هَذِهِ هِيَ قَائِمَةُ الطَّعَامِ.

A: 당신(남)은 메뉴판이 있습니까?

B: 네, 메뉴판입니다.

A	هَلْ تُرِيدِينَ شَيْئًا آخَرَ؟
B	نَعَمْ، أُرِيدُ الْخُبْزَ.

A: 당신(여)은 다른 무언가를 원합니까?

B: 네, 나는 빵을 원합니다.

2

1인칭(복수)	1인칭(공통)	2인칭(여성)	2인칭(남성)	3인칭(여성)	3인칭(남성)	أَكَلَ (u)
أَكَلْنَا [아칼나]	أَكَلْتُ [아칼투]	أَكَلْتِ [아칼티]	أَكَلْتَ [아칼타]	أَكَلَتْ [아칼라트]	أَكَلَ [아칼라]	완료
نَأْكُلُ [나으쿨루]	آكُلُ [아-쿨루]	تَأْكُلِينَ [타으쿨리-나]	تَأْكُلُ [타으쿨루]	تَأْكُلُ [타으쿨루]	يَأْكُلُ [야으쿨루]	미완료

1인칭(복수)	1인칭(공통)	2인칭(여성)	2인칭(남성)	3인칭(여성)	3인칭(남성)	شَرِبَ (a)
شَرِبْنَا [샤립나]	شَرِبْتُ [샤립투]	شَرِبْتِ [샤립티]	شَرِبْتَ [샤립타]	شَرِبَتْ [샤리바트]	شَرِبَ [샤리바]	완료
نَشْرَبُ [나슈라부]	أَشْرَبُ [아슈라부]	تَشْرَبِينَ [타슈라비-나]	تَشْرَبُ [타슈라부]	تَشْرَبُ [타슈라부]	يَشْرَبُ [야슈라부]	미완료

3

A قَائِمَةَ الطَّعَامِ مِنْ فَضْلِكَ.

B تَفَضَّلْ.

A: 메뉴판 부탁드립니다.

B: 여기 있습니다. (남성)

A هَلْ تُرِيدُ شَيْئًا آخَرَ؟

B لَا شُكْرًا.

A: 당신(남)은 다른 무언가를 원하십니까?

B: 고맙지만 괜찮습니다.

LESSON 09

1

A أَيُّ خِدْمَةٍ؟

B أُرِيدُ أَنْ أَشْتَرِيَ قَمِيصًا.

A أَيَّ لَوْنٍ تُرِيدِينَ؟

B أُرِيدُ أَحْمَرَ.

A: 무엇을 도와드릴까요?

B: 나는 셔츠를 사길 원합니다.

A: 당신(여)은 어떤 색깔을 원합니까?

B: 나는 빨간색을 원합니다.

2

1인칭(복수)	1인칭(공통)	2인칭(여성)	2인칭(남성)	3인칭(여성)	3인칭(남성)	اِشْتَرَى (i)
اِشْتَرَيْنَا [이슈타라이나]	اِشْتَرَيْتُ [이슈타라이투]	اِشْتَرَيْتِ [이슈타라이티]	اِشْتَرَيْتَ [이슈타라이타]	اِشْتَرَتْ [이슈타라트]	اِشْتَرَى [이슈타라]	완료
نَشْتَرِي [나슈타리]	أَشْتَرِي [아슈타리]	تَشْتَرِينَ [타슈타리-나]	تَشْتَرِي [타슈타리]	تَشْتَرِي [타슈타리]	يَشْتَرِي [야슈타리]	미완료

1인칭(복수)	1인칭(공통)	2인칭(여성)	2인칭(남성)	3인칭(여성)	3인칭(남성)	أَعْجَبَ (i)
أَعْجَبْنَا [아으잡나]	أَعْجَبْتُ [아으잡투]	أَعْجَبْتِ [아으잡티]	أَعْجَبْتَ [아으잡타]	أَعْجَبَتْ [아으자바트]	أَعْجَبَ [아으자바]	완료
نُعْجِبُ [누으지부]	أُعْجِبُ [우으지부]	تُعْجِبِينَ [투으지비-나]	تُعْجِبُ [투으지부]	تُعْجِبُ [투으지부]	يُعْجِبُ [유으지부]	미완료

3

A بِكَمْ هَذِهِ الْحَقِيبَةُ؟

B بِخَمْسَةِ دَنَانِيرَ.

A هَلْ تُعْجِبُكَ هَذِهِ الْحَقِيبَةُ؟

B نَعَمْ، تُعْجِبُنِي هَذِهِ الْحَقِيبَةُ.

A: 이 가방은 얼마입니까?

B: 5디나르입니다.

A: 이 가방이 당신(남) 마음에 드십니까?

B: 네, 이 가방은 나의 마음에 듭니다.

LESSON 10

1

A	كَمِ السَّاعَةُ الْآنَ؟
B	اَلسَّاعَةُ الْخَامِسَةُ وَالثُّلْثُ الْآنَ.
A	مَتَى سَتَرْجِعُ إِلَى الْبَيْتِ؟
B	سَأَرْجِعُ إِلَى الْبَيْتِ بَعْدَ رُبْعِ سَاعَةٍ.

A: 지금 몇 시입니까?

B: 지금 5시 20분입니다.

A: 당신(남)은 언제 집으로 돌아갑니까?

B: 나는 15분 뒤에 집으로 돌아갈 것입니다.

2

1인칭(복수)	1인칭(공통)	2인칭(여성)	2인칭(남성)	3인칭(여성)	3인칭(남성)	خَرَجَ (u)
خَرَجْنَا [카라즈나]	خَرَجْتُ [카라즈투]	خَرَجْتِ [카라즈티]	خَرَجْتَ [카라즈타]	خَرَجَتْ [카라자트]	خَرَجَ [카라자]	완료
نَخْرُجُ [나크루주]	أَخْرُجُ [아크루주]	تَخْرُجِينَ [타크루지-나]	تَخْرُجُ [타크루주]	تَخْرُجُ [타크루주]	يَخْرُجُ [야크루주]	미완료

1인칭(복수)	1인칭(공통)	2인칭(여성)	2인칭(남성)	3인칭(여성)	3인칭(남성)	رَجَعَ (i)
رَجَعْنَا [라자으나]	رَجَعْتُ [라자으투]	رَجَعْتِ [라자으티]	رَجَعْتَ [라자으타]	رَجَعَتْ [라자아트]	رَجَعَ [라자아]	완료
نَرْجِعُ [나르지우]	أَرْجِعُ [아르지우]	تَرْجِعِينَ [타르지이-나]	تَرْجِعُ [타르지우]	تَرْجِعُ [타르지우]	يَرْجِعُ [야르지우]	미완료

3

A	كَمِ السَّاعَةُ الْآنَ؟
B	اَلسَّاعَةُ الثَّامِنَةُ إِلَّا ثُلْثًا الْآنَ.
A	مَتَى سَنَلْتَقِي غَدًا؟
B	سَنَلْتَقِي فِي السَّاعَةِ السَّادِسَةِ وَالنِّصْفِ فِي الْمَقْهَى غَدًا.

A: 지금 몇 시입니까?

B: 지금 7시 40분입니다.

A: 우리는 내일 언제 만납니까?

B: 우리는 내일 카페에서 6시 30분에 만날 것입니다.

LESSON 11

1

A	لَوْسَمَحْتَ، أُرِيدُ أَنْ أَذْهَبَ إِلَى الْبَنْكِ.
B	هُوَ لَيْسَ بَعِيدًا عَنْ هُنَا.
A	كَيْفَ أَذْهَبُ إِلَى هُنَاكَ؟
B	اِرْكَبْ سَيَّارَةَ الْأُجْرَةِ.

A: 실례합니다(남), 저는 은행으로 가길 원합니다.

B: 그곳은 여기서 멀지 않습니다.

A: 제가 거기로 어떻게 갑니까?

B: 택시를 타세요.

2

1인칭(복수)	1인칭(공통)	2인칭(여성)	2인칭(남성)	3인칭(여성)	3인칭(남성)	رَكِبَ (a)
رَكِبْنَا [라킵나]	رَكِبْتُ [라킵투]	رَكِبْتِ [라킵티]	رَكِبْتَ [라킵타]	رَكِبَتْ [라키바트]	رَكِبَ [라키바]	완료
نَرْكَبُ [나르카부]	أَرْكَبُ [아르카부]	تَرْكَبِينَ [타르카비-나]	تَرْكَبُ [타르카부]	تَرْكَبُ [타르카부]	يَرْكَبُ [야르카부]	미완료

1인칭(복수)	1인칭(공통)	2인칭(여성)	2인칭(남성)	3인칭(여성)	3인칭(남성)	نَزَلَ (i)
نَزَلْنَا [나잘나]	نَزَلْتُ [나잘투]	نَزَلْتِ [나잘티]	نَزَلْتَ [나잘타]	نَزَلَتْ [나잘라트]	نَزَلَ [나잘라]	완료
نَنْزِلُ [난질루]	أَنْزِلُ [안질루]	تَنْزِلِينَ [탄질리-나]	تَنْزِلُ [탄질루]	تَنْزِلُ [탄질루]	يَنْزِلُ [얀질루]	미완료

3

A أُرِيدُ أَنْ أَذْهَبَ إِلَى الْمَطَارِ.

B هُوَ قَرِيبٌ مِنْ هُنَا. اِمْشِ إِلَى الْأَمَامِ قَلِيلًا.

A: 나는 공항으로 가길 원합니다.

B: 그곳은 여기로부터 가깝습니다. 조금만 앞으로 걸으세요.

A هَلْ مَطْعَمُ النِّيلِ بَعِيدٌ عَنْ هُنَا؟

B نَعَمْ، هُوَ بَعِيدٌ عَنْ هُنَا. اِرْكَبِ الْأُوتُوبِيس وَانْزِلْ فِي وَسَطِ الْمَدِينَةِ.

A: 나일 식당은 여기에서 멉니까?

B: 네, 그곳은 여기에서 멉니다. 버스를 타고 시내에서 내리세요.

1

A	مَاذَا بِكَ / مَاذَا عِنْدَكَ؟
B	عِنْدِي أَلَمٌ فِي الرَّأْسِ.

A: 당신(남)은 어디가 아프십니까?

B: 나는 머리에 통증이 있습니다.

A	يَبْدُو أَنَّكِ مَرِيضَةٌ جِدًّا.
B	نَعَمْ عِنْدِي أَلَمٌ شَدِيدٌ فِي الْبَطْنِ.

A: 당신(여)은 매우 아파 보입니다.

B: 네, 나는 배에 심한 통증이 있습니다.

2

1인칭(복수)	1인칭(공통)	2인칭(여성)	2인칭(남성)	3인칭(여성)	3인칭(남성)	أَخَذَ (u)
أَخَذْنَا [아카드나]	أَخَذْتُ [아카드투]	أَخَذْتِ [아카드티]	أَخَذْتَ [아카드타]	أَخَذَتْ [아카다트]	أَخَذَ [아카다]	완료
نَأْخُذُ [나으쿠두]	آخُذُ [아-쿠두]	تَأْخُذِينَ [타으쿠디-나]	تَأْخُذُ [타으쿠두]	تَأْخُذُ [타으쿠두]	يَأْخُذُ [야으쿠두]	미완료

1인칭(복수)	1인칭(공통)	2인칭(여성)	2인칭(남성)	3인칭(여성)	3인칭(남성)	اِسْتَطَاعَ (i)
اِسْتَطَعْنَا [이쓰타따으나]	اِسْتَطَعْتُ [이쓰타따으투]	اِسْتَطَعْتِ [이쓰타따으티]	اِسْتَطَعْتَ [이쓰타따으타]	اِسْتَطَاعَتْ [이쓰타따-아트]	اِسْتَطَاعَ [이쓰타따-아]	완료
نَسْتَطِيعُ [나쓰타띠-우]	أَسْتَطِيعُ [아쓰타띠-우]	تَسْتَطِيعِينَ [타쓰타띠-이-나]	تَسْتَطِيعُ [타쓰타띠-우]	تَسْتَطِيعُ [타쓰타띠-우]	يَسْتَطِيعُ [야쓰타띠-우]	미완료

3

A هَلْ أَخَذْتَ الدَّوَاءَ؟

B لَا، لَمْ آخُذْهُ بَعْدُ.

A عِنْدِي صُدَاعٌ شَدِيدٌ. لِذَلِكَ، سَأَذْهَبُ إِلَى الْمُسْتَشْفَى الْآنَ.

B أَتَمَنَّى لَكَ الشِّفَاءَ الْعَاجِلَ.

A: 당신(남)은 약을 복용했습니까?

B: 아니요, 나는 아직 약을 복용하지 못했습니다.

A: 나는 심한 두통이 있습니다. 그래서 지금 병원으로 갈 것입니다.

B: 나는 당신(남)께 빨리 회복하기를 희망합니다.

* لِذَلِكَ[리달리카]: 그래서
* أَتَمَنَّى لَكَ الشِّفَاءَ الْعَاجِلَ[아타만나 라카 앗쉬파-알 아-질라]에서 أَتَمَنَّى[아타만나]는 '나는 희망합니다.' / لَكَ[라카]는 '당신께' / الشِّفَاءَ[앗쉬파-아]는 '치료, 회복' / الْعَاجِلَ[알아-질라]는 '신속한'이라는 의미입니다.

1

A	مَاذَا سَتَفْعَلُ فِي الْعُطْلَةِ الْقَادِمَةِ؟
B	سَأُسَافِرُ إِلَى مِصْرَ لِمُدَّةِ أُسْبُوعٍ.

A: 당신(남)은 다음 방학에 무엇을 하실 겁니까?

B: 나는 일주일 동안 이집트로 여행할 것입니다.

A	مَاذَا فَعَلْتِ فِي الْعُطْلَةِ الْمَاضِيَةِ؟
B	سَافَرْتُ إِلَى الْأُرْدُنِّ لِمُدَّةِ ثَلَاثَةِ أَيَّامٍ.

A: 당신(여)은 지난 방학에 무엇을 했습니까?

B: 나는 3일동안 요르단으로 여행을 했습니다.

2

1인칭(복수)	1인칭(공통)	2인칭(여성)	2인칭(남성)	3인칭(여성)	3인칭(남성)	سَافَرَ (i)
سَافَرْنَا [싸-파르나]	سَافَرْتُ [싸-파르투]	سَافَرْتِ [싸-파르티]	سَافَرْتَ [싸-파르타]	سَافَرَتْ [싸-파라트]	سَافَرَ [싸-파라]	완료
نُسَافِرُ [누싸-피루]	أُسَافِرُ [우싸-피루]	تُسَافِرِينَ [투싸-피리-나]	تُسَافِرُ [투싸-피루]	تُسَافِرُ [투싸-피루]	يُسَافِرُ [유싸-피루]	미완료

1인칭(복수)	1인칭(공통)	2인칭(여성)	2인칭(남성)	3인칭(여성)	3인칭(남성)	زَارَ (u)
زُرْنَا [주르나]	زُرْتُ [주르투]	زُرْتِ [주르티]	زُرْتَ [주르타]	زَارَتْ [자-라트]	زَارَ [자-라]	완료
نَزُورُ [나주-루]	أَزُورُ [아주-루]	تَزُورِينَ [타주-리-나]	تَزُورُ [타주-루]	تَزُورُ [타주-루]	يَزُورُ [야주-루]	미완료

3

A سَأَذْهَبُ إِلَى الْقَاهِرَةِ وَسَأَزُورُ الأَهْرَامَ وَأَبَا الْهَوْلِ.

B أَتَمَنَّى لَكَ رِحْلَةً سَعِيدَةً.

A: 나는 카이로로 갈 것이고 스핑크스와 피라미드를 방문할 것입니다.

B: 나는 당신(남)께 즐거운 여행이 되기를 희망합니다.

A مَا شَاءَ اللهُ! أَرْجُو أَنْ تُسَافِرَ سَعِيدًا.

B شُكْرًا عَلَى كَلَامِكَ.

A: 놀랍군요! 나는 당신(남)이 즐거운 여행을 하길 바랍니다.

B: 당신(남)의 말씀 감사합니다.

1

A	هَلْ عِنْدَكَ مَوْعِدٌ فِي يَوْمِ السَّبْتِ؟
B	لَا، لَيْسَ عِنْدِي مَوْعِدٌ فِي يَوْمِ السَّبْتِ.

A: 당신(남)은 토요일에 약속이 있습니까?

B: 아니요, 나는 토요일에 약속이 없습니다.

A	أُرِيدُ أَنْ أَدْعُوَكِ إِلَى الْبَيْتِ.
B	شُكْرًا عَلَى الدَّعْوَةِ.

A: 나는 집으로 당신(여)을 초대하길 원합니다.

B: 초대에 감사합니다.

2

1인칭(복수)	1인칭(공통)	2인칭(여성)	2인칭(남성)	3인칭(여성)	3인칭(남성)	دَعَا (u)
دَعَوْنَا [다아으나]	دَعَوْتُ [다아으투]	دَعَوْتِ [다아으티]	دَعَوْتَ [다아으타]	دَعَتْ [다아트]	دَعَا [다아-]	완료
نَدْعُو [나드우-]	أَدْعُو [아드우-]	تَدْعِينَ [타드이-나]	تَدْعُو [타드우-]	تَدْعُو [타드우-]	يَدْعُو [야드우-]	미완료

1인칭(복수)	1인칭(공통)	2인칭(여성)	2인칭(남성)	3인칭(여성)	3인칭(남성)	شَكَرَ (u)
شَكَرْنَا [샤카르나]	شَكَرْتُ [샤카르투]	شَكَرْتِ [샤카르티]	شَكَرْتَ [샤카르타]	شَكَرَتْ [샤카라트]	شَكَرَ [샤카라]	완료
نَشْكُرُ [나슈쿠루]	أَشْكُرُ [아슈쿠루]	تَشْكُرِينَ [타슈쿠리-나]	تَشْكُرُ [타슈쿠루]	تَشْكُرُ [타슈쿠루]	يَشْكُرُ [야슈쿠루]	미완료

3

A	فِي يَوْمِ الْخَمِيسِ عِيدُ مِيلَادِي.
B	حَقًّا؟ عِيدُ مِيلَادٍ سَعِيدٌ.

A: 토요일은 나의 생일입니다.

B: 정말요? 생일 축하합니다.

A	أُرِيدُ أَنْ أَدْعُوَكَ لِحَفْلَةِ عِيدِ مِيلَادِي.
B	شُكْرًا عَلَى دَعْوَتِكَ وَكُلُّ عَامٍ وَأَنْتَ بِخَيْرٍ.

A: 나는 나의 생일 파티에 당신(남)을 초대하길 원합니다.

B: 당신(남)의 초대에 감사하고 당신이 매년 잘 지내길 바랍니다.

출판사, 저자, 강사, 독자가 공존하기 위한 문예림 정책
평등한 기회와 공정한 정책으로
올바른 출판문화를 이끌도록 하겠습니다.

저 자

1 도서의 판매부수에 따라 인세를 정산하지 않습니다.
우리는 도서 판매여부와 관계없이 초판, 증쇄 발행 후 30일 이내 일괄 지급합니다. 보다 좋은 콘텐츠 연구에 집중해주십시오. 판매보고는 반기별로, 중쇄 계획은 인쇄 60일 전 안내합니다.

2 도서 계약은 매절로 진행하지 않습니다.
매절계약은 불합리한 계약방식입니다. 이러한 방식은 저자들의 집필 의욕을 저해시키며, 결국에는 생존력 짧은 도서로 전락하고 맙니다.

3 판매량을 기준으로 절판하지 않습니다.
판매량에 따라 지속 판매 여부를 결정하지 않으며 전문성, 영속성, 희소성을 기준으로 합니다.

강 사

1 동영상강의 콘텐츠 계약은 매절로 진행하지 않습니다.
우리는 강사님의 소중한 강의를 일괄 취득하는 행위는 하지 않으며, 반기별 판매보고 후 정산합니다.

2 유료 동영상강의 인세는 콘텐츠 순 매출액의 20%를 지급합니다.(자사 사이트 기준)
우리는 가르침의 의미를 소중히 알며, 강사와 공존을 위하여 업계 최고 조건으로 진행합니다.

3 판매량에 따라 동영상강의 서비스를 중단하지 않습니다.
판매량에 따라 서비스 제공 여부를 결정하지 않으며 지속가능한 의미가 있다면 유지합니다. 전문성, 영속성, 희소성을 기준으로 합니다.

독자 및 학습자

1 도서는 제작부수에 따라 정가를 정합니다.
적절한 정가는 저자가 지속적인 연구할 수 있는 기반이 되며, 이를 통해 독자와 학습자에게 전문성 있는 다양한 콘텐츠로 보답할 것입니다.

2 도서 관련 음원(MP3)은 회원가입 없이 무료제공됩니다.
원어민 음원은 어학학습에 반드시 필요한 부분으로 아무런 제약 없이 자유롭게 제공합니다. 회원가입을 하시면 보다 많은 서비스와 정보를 얻으실 수 있습니다.

3 모든 콘텐츠는 책을 기반으로 합니다.
우리의 모든 콘텐츠는 책에서부터 시작합니다. 필요한 언어를 보다 다양한 콘텐츠로 제공하도록 하겠습니다.